卷首集

JUANSHOU JI

袁可林 著

黄河水利出版社

图书在版编目（CIP）数据

卷首集／袁可林著．—郑州：黄河水利出版社，2010.10
ISBN 978-7-80734-912-9

Ⅰ.①卷…　Ⅱ．①袁…　Ⅲ．①国土资源—资源管理—河南省—文集　Ⅳ．①F129.961-53

中国版本图书馆CIP数据核字（2010）第185189号

组稿编辑：王路平　电话：0371－66022212　E-mail：hhslwlp@126.com

出 版 社：黄河水利出版社
地址：河南省郑州市顺河路黄委会综合楼14层　邮政编码：450003
发行单位：黄河水利出版社
发行部电话：0371-66026940、66020550、66028024、66022620（传真）
E-mail：hhslcbs@126.com
承印单位：河南省瑞光印务股份有限公司
开本：890 mm × 1 240 mm　1/32
印张：6.25
字数：180千字　印数：1—2 500
版次：2010年10月第1版　印次：2010年10月第1次印刷

定价：20.00 元

序

席保安

为人出书作序，在我看来是件很严肃的事。正是出于这一考虑，再加上平时比较忙，所以长期以来，我在此问题上采取了慎之又慎的态度。可是，当我翻阅资源导刊杂志社社长袁可林托人送来的一摞书稿后，我心动了，一种难以抑制的喜悦之情涌上了心头：这个序，我得写！

说实话，我和袁可林同志认识不是一天两天了，大概有一二十年时间了吧。起初，他是中国地质矿产报河南记者站站长，还兼管省地矿厅的对外宣传工作，由于采访的原因，我们曾有过多次接触。后来，我到省新闻出版局任职，他任资源导刊杂志社社长，我们的接触就更多了。他给人的印象最深刻的有两点：一是做人低调，不爱张扬。当然，这并不意味着他没有可张扬之处，恰恰相反，他身上亮点甚多。比如，他思维敏锐，创新改革意识强；再比如，他诚实待人，善于和周围的人和谐相处，人缘、口碑好；还有一点，他善于学习，勤于钻研，处事谦虚、谨慎，实事求是，从不说过头之语，不搞夸夸其谈，从不搞哗众取宠及表里不一之举。这种精神、这种作风、这种品德，令不少人为之肃然起

目 录

2004

2005

2006

2007

2008

2009

开创新的未来

——写在2003年元旦到来之际

□一 兵

伴着漫天纷飞的瑞雪，和着悦耳动听的钟声，我们送走了引以为豪的2002年，迎来了充满希望的2003年。

值此新年到来之际，《河南国土资源》杂志编辑部全体人员怀着无比喜悦的心情，向工作在国土资源战线的广大干部、职工，向关爱、支持《河南国土资源》杂志的领导、同行和朋友，向用心血和汗水浇灌杂志的作者和新老读者朋友，致以最诚挚的新年祝福，祝愿大家在新的一年工作顺利，事业有成！

过去的一年，是我省国土资源管理工作跃马扬鞭、驰骋千里的一年。回首往事，在邓小平理论和“三个代表”重要思想指引下，在省委、省政府和国土资源部的领导下，我省国土资源工作坚持以经济建设为中心，在确保国家、省重点工程项目的建设用地，大力推进小城镇建设、土地市场和矿业权市场建设，坚持依法行政，耕地保护，整顿矿业秩序，加强精神文明建设等方面均取得了突出的成绩，各项工作日新月异。我们可以无愧地说:2002年是一个值得自豪的年代。

“天时人事日相催，冬至阳生春又来。”新的一年，孕育着新的希望，昭示着更加美好的未来。我们要认真学习贯彻党的十六大精神，以邓小平理论和“三个代表”重要思想统揽全局，坚持“发展要有新思路、改革要有新突破、开放要有新局面、各项工作要有新举措”的总体要求，坚持以服务经济建设为中心，妥善处理经济发展与资源保护的关系，大力推进河南国土资源管理的各项工作跨上新台阶。当然，在前进的路上，肯定会有不少艰难险阻，但这对于我们勇于开拓的河南国土资源人来说，又算得了什么呢?历史将再次表明，河南国土资源事业的前景充满阳光!

新的岁月，新的希望。在未来的征途中，让我们高举旗帜，与时俱进；发扬民主，团结统一；艰苦奋斗，求真务实；清正廉洁，一心为民。以奋发向上的精神状态，开拓创新，扎实工作，为河南国土资源事业的发展壮大谱写一曲更加美妙动听的乐章!■（原载2003年第1期《河南国土资源》）

喜事多多迎新春

□一　兵

今个羊年不一般。

当瑞雪、青松、鲜花，伴随着羊年春节的优美舞姿翩翩而至时，人们忽然惊奇地发现：它带给中原人民的喜事、好事竟是如此之多。

请看——

河南地产市场在2002年里有了惊人的飞跃。土地年收益由上年的18.7亿元一跃而为161亿元，首次突破了百亿元大关，并跨上了160亿元的台阶。

全省耕地在连续三年实现占补平衡的基础上，2002年面对全省建设用地量急增的情况，河南省又克服重重困难，开发复垦整理土地16.5万亩，扣去建设用地后净增1142亩，第四年在人多地少的省份实现了占补平衡。

对河南矿业可持续发展有重大影响的《河南矿产资源勘查开发规划》业经国务院批准，并由河南省人民政府颁布实施。其编制质量之高，可操作性之强，受到了国家有关部门的高度评价。

全省矿产资源补偿费征收在连年居全国前列之后，又再创新高，达到8500万元。

全省国土资源部门市县机构改革基本完成。

总之，好事、喜事可谓连连。这些，既是对全省国土资源系统往日工作的肯定与报答，同时又为日后的事业发展奠定了良好基础。当然，展望未来，摆在我们面前的是机遇与挑战同在，关山仍然重重。但我们始终坚信，对松柏之树、果实之花，只要肯用心血浇灌，那么，就一定会青绿永驻、常开不败。

我们衷心希望，2003年的好事、喜事更是源源不断……■（原载2003年第2期《河南国土资源》）

河南，矿业权市场火起来……

□一　兵

一个令人惊喜的发现：包括探矿权、采矿权在内的河南矿业权市场，在中原大地逐渐火了起来。

请看：

探矿权市场——发育迅速。在过去的一年里，全省共拍卖和挂牌出让探矿权9宗，矿权转让30宗，金额分别达到290万元和486万元。比上一年有了几倍的增长，而且发展势头喜人。

采矿权市场——起步良好。据统计，在2002年里，全省共挂牌出让小宗采矿权43宗，拍卖出让12宗，总价款183.8万元。从而，揭开了河南矿业权市场建设新的一页。

毫无疑问，这是一件值得庆贺的大事、好事。

因为它符合党的十六大精神，体现了利用市场机制配备资源的精神，可以说是时代的要求；同时，也是适应中国加入WTO的实际，与国际惯例接轨，振兴河南矿业的需要。一句话，是顺民意、应天时的大好事。

诚然，放眼未来，河南矿业权市场要真正火起来，今后还有大量工作要做，前面的路还很长。我们必须进一步解放思想，转变观念，认真贯彻党的十六大精神，牢固树立利用市场机制配置资源的思想；必须认真学习兄弟省市的先进经验，结合我们自己的实际，完善有关矿业权市场的一系列配套规定和实施方法；必须妥善处理各级财政的利益分配比例，充分调动各方面的积极性。总之，任重道远，尚需与时俱进，加倍努力。

“河南，矿业权市场火起来！”

这是时代的呼唤，人民的呼唤，中原大地的呼唤。我们深知，一个成熟的红红火火的矿业权市场，必将在不久的将来以崭新的面貌出现在世人面前。

让我们高举双手，去迎接一个更加明媚的矿业春天吧！■（原载2003年第3期《河南国土资源》）

善待地球　珍惜资源

□袁可林　高　鹏

地球日，人类的感慨日；地球日，人类的行动日；地球日，我们共同的生日。

“当我们来到这世界上，地球母亲把我们抚养。我们吮吸着地球母亲的乳汁，却常常把她遗忘。今天我们已经醒悟，地球母亲不再悲伤……”在这第34个世界地球日到来之际，让我们共唱这首歌，为地球母亲衷心祝福和祈祷！

可以想象，如果我们的眼前净是漫山遍野被无情砍断的青松翠柏留下的树桩，或是被风沙掩埋后的绿洲痛苦的惨状；如果我们的耳边充满了被猎杀的野生动物声声的哀鸣，或是那都市上空弥漫不去的悬浮尘粒肆虐地咆哮……那将是一幅多么可怕的景象！毫无疑问，这些是我们人类不愿看到，也不愿听到的。

让我们想一想吧，人类过度地消耗资源和污染环境，已经给地球母亲造成了怎样的灾难？让我们想一想吧，我们每个人在这样的灾难中负有怎样不可推卸的责任？让我们想一想吧，当脆弱的生态难以维系，人类的消费将如何持续……善待地球，保护资源和环境，实现可持续发展，不仅已成为地球上每个儿女的神圣职责，还是一项长期而又艰巨的任务，更是事关改革开放和全面建设小康社会成败的大事。

16.7万平方公里的中原沃土，是我们从祖宗和前辈手上接过来，还要传给子孙后代的。当前，随着我省经济发展速度加快，资源消耗和环境污染问题越来越受到全社会的关注。尤其值得注意的是，一些地方的耕地十分紧张，掠夺性种植加剧了土地的衰竭；一些地方的矿产资源开采已濒临枯竭，经济进一步发展受到制约；一些地方水源和土壤遭到污染，饮用水和农产品毒素严重超标……2000年年底，我省人口数量位居全国第一，而人均土地资源只有0.07公顷，不到全国平均水平的1/4；人均森林面积约为0.03公顷，远远低于全国0.12公顷的平均水平；水资源严重匮乏，总量不足，分布不均。

为了中原大地的长久富裕和美好，我们必须进一步强化国土资源保护，促进“生态大省”建设；加大对资源保护和合理利用的执法监察力度，整顿和规范资源管理秩序，依法严厉查处乱占耕地和乱采滥挖矿产资源的违法行为；按照“在保护中开发，在开发中保护”的原则和可持续发展的要求，正确处理经济发展同资源保护的关系，提高可持续发展能力，改善生态环境，促进人与自然的和谐统一，努力开创生产发展、生活富裕、生态良好的新局面。

善待地球，保护资源，就是保护我们自己。让我们携起手来，为之共同奋斗！■（原载2003年第4期《河南国土资源》）

抓住机遇　甩掉包袱

□本刊评论员　学　文

目前，进一步治理整顿土地市场秩序工作正在全省各地深入开展。值得注意的是，这期间不少地方提出了一个响亮的口号，即：抓住机遇，甩掉包袱，全面推进土地市场建设。

这个口号提的何等之好！

好就好在，这一口号是基于各地土地市场秩序的实际而提出的，有着深刻的内涵。众所周知，利用市场机制配置包括土地在内的各种资源，这是党的十六大重要精神之一；加速培育健康有序的土地市场，是党和政府对国土资源部门的希望所在。从各地实施情况看，虽然总体进展不错，但在一些地方也存在违规设立各类园区，违反规定低价出让国有土地使用权，违法圈占集体土地，擅自将划拨土地、集体土地用于经营性房地产开发，违规减免土地出让金等问题。显而易见，如果不将这些历史陈账做一个了断，是很难开创国土资源工作新局面的。

好就好在，这一口号体现了为国为民负责的强烈机遇意识。实践表明，任何一个问题的解决都需要一定的时间和条件，土地市场方面的问题解决亦然。应该说，这次进一步治理整顿土地市场秩序，是一次千载难逢的好机遇，这对全省土地市场建设无疑将会有个较大推进，是件大好事，我们必须紧紧抓住不放，乘势而上。

好就好在，这一口号体现了开拓进取的创新精神。无数事实告诉我们，要开创国土资源管理工作新局面，要打造一个良好的土地市场秩序，必须充分发挥国土资源部门的主观能动性，必须坚持不等不靠，主动进取，开拓创新。而“抓住机遇，甩掉包袱”的做法，正是这种进取精神的生动体现。

诚然，把口号叫响是一回事，真正做到则是另外一回事。毫无疑问，要想纠正以前产生的一些问题，是很需要一番勇气的。就像一个人长了一个瘤子似的，要想将其割掉，是需要忍痛下决心的。然而，为了身体健康，这个决心还必须下，晚下不如早下。值得注意的是，现在有一些单位在查土地市场存在的问题时，总是过多强调外部干扰和客观环境，往往看不到或轻视自己的问题。不能否认，一些地方在发展和培育土地市场时，确实受到外部干扰。问题是，外因是通过内因起作用的，如果国土资源部门严格依法行政，那么有什么执法干扰不能排除？一个健康、有序的土地市场又何愁建设不起来呢？

甩掉包袱是为了轻装前进，破旧是为了立新。而进一步清理整顿土地市场，为各地政府、各个部门、有关责任人树立新的形象提供了良机。机遇难得，稍纵即逝，让我们倍加珍惜吧！■（原载2003年第5期《河南国土资源》）

自觉从严　决不走过场

——写在第十三个全国“土地日”到来之际

□本刊评论员　一　兵

又是一年“土地日”。

今年“6·25”的主题是：规范土地市场，促进可持续发展。

毫无疑问，我们应该以热烈、隆重的方式纪念这一神圣节日。但是，就目前来说，最好的纪念方式，就是切实抓好各地正在深入进行的土地市场秩序整顿。因为，一个伟人曾说过：“一个行动往往胜过一打纲领。”

实践表明，要想把从2月20日全国电视电话会议以后开展的土地市场秩序治理整顿真正搞好，必须进一步提高思想认识，坚持自觉从严，决不走过场。

那么，严在哪里？严，应从哪些方面体现？

——对部门自身要求要严。自查自纠，核心是自我检查、自觉纠正。在管理者和管理相对人之间，要立足于查管理部门自身的问题，查管理制度，查管理环节，查执法效果；上级督察和本级自查之间，要立足于本级自觉查摆，主动纠正。

——检查的标准要严。凡是不符合有关法律、法规、政策包括财政纪律的，都要作为问题列出，认真纠正，绝不允许将“土政策”“合法化”。

——查找原因要严。自查自纠，不能满足于查摆现象，要深刻查找问题产生的原因，不能大而化之，一味强调客观原因。

——整改要严。治理整顿，重在整改。整改的重点，在落实制度。从一定意义上说，制度就是规矩，制度就是标准，制度就是制约，制度就是秩序。制度是管长远的，管根本的。新的《土地管理法》确立了规划用地、用途管制、保护耕地、违法查处等几项重要原则和制度，部和省厅近年来也制定了一系列制度。现在的关键问题是要抓落实。抓落实，还要反复抓、不断抓，及时解决执法实践中遇到的新问题。

当然，能否做到严字当头、不走过场，关键在于人，在于各级国土资源部门的领导，尤其是班子的“一把手”。

我们高兴地看到，不少地方的国土资源部门领导对这次土地市场秩序治理整顿的意义认识比较清楚，纷纷提出要抓住机遇，甩掉前进路上的包袱。

我们还高兴地看到，几个月来，许多地方的土地市场秩序治理整顿进展不错，不少老大难问题都摆了出来，且已经有了初步的解决方案。

古人云：“天下事有难易乎？为之，则难者亦易矣；不为，则易者亦难矣。”因而，我们深信，在国土资源系统和社会各界的共同努力下，一个崭新的、规范有序的、促进经济可持续发展的土地市场秩序，一定会呈现在人们面前。

让我们为此去奋斗！■（原载2003年第6期《河南国土资源》）

为河南安阳喝彩

□本刊编辑部

在第13个全国土地日到来之际，《河南国土资源》（安阳专刊）正式出版了，这在河南省国土资源系统中尚属首次。毫无疑问，这是件很有意义的尝试。对此，我们表示热烈的祝贺。

近年来，安阳市国土资源局的工作步子迈得较大，取得的成绩也较突出，这一点人家有目共睹。很多同志感到很惊讶，短短几年间，为什么安阳市国土资源局的工作会这样出色？实践表明，他们的工作思路清晰，善于在繁杂的事务中抓住最关键的问题。安阳市国土资源局提出的“树立大土地观念，发挥国土资源的宏观调控职能”的思路很有特色。他们通过发挥国土资源管理部门的资源配置职能，资金筹集职能，调节、调控职能，信息反馈职能，监督职能，工作具有超前性、主动性，在服务城市建设，服务企业发展，服务重点建设工程等方面职责到位，措施得力，提高了自身的地位，赢得了政府的重视和支持。由于工作思路清晰，方法步骤明确，安阳市国土资源局各项工作连创佳绩。

当前，河南省国土资源管理工作面临着新的发展形势，新情况新问题不断出现，难点热点问题较多，这就需要我们各级国土资源部门在工作中思路要清，总揽全局，要把服从并服务于发展大局作为工作的中心。实践证明，经济发展与资源保护的关系是辩证统一的。我们既要实行世界上最严格的资源管理制度，同时又要以提高资源对可持续发展的保障能力为根本目标，这样国土资源管理工作才能在整个社会经济生活中体现价值，提高地位。

2003年是深入学习贯彻党的十六大精神的一年，也是国土资源管理职能全面发展的一年。新的征程，新的任务，要有新的思路，新的措施。愿安阳市国土资源局的工作能够百尺竿头，更进一步。同时，希望安阳的经验能在全省更多的地方开花结果。■（原载2003年增刊《河南国土资源》）

时刻牢记群众利益

——学习胡锦涛“七一”重要讲话有感

□一　兵

“群众利益无小事。凡是涉及群众的切身利益和实际困难的事情，再小也要竭尽全力去办。”这是胡锦涛总书记在“七一”重要讲话中的一个十分重要的观点，语言质朴无华，闪烁着马克思主义的真理之光。认真领会贯彻这一观点的精神，对我们做好国土资源各项工作至关重要。

时刻牢记群众利益，这是由无产阶级政党的先进性所决定的。我们党从成立之初就把为最广大人民群众谋利益、全心全意为人民服务作为自己的根本宗旨和价值追求。大量历史事实表明，只要我们处处心系群众，我党就能深得民心，无往而不胜。

应该看到，在当前新的历史时期，强调关心群众利益尤为重要和迫切。胡锦涛总书记在“七一”讲话中说得好：“坚持立党为公，执政为民，必须落实到关心群众生产、生活的工作中去。”

那么，结合国土资源工作实际，应该怎样将关心群众利益之事落到实处呢?

笔者认为，时刻牢记群众利益，就要牢固树立“立党为公，执政为民”的思想。要真正弄明白，我们一切工作的出发点和归宿都是为了人民群众利益，而不是其他。实践表明，凡是那些国土资源管理较有成效者，都有一个共同特点:那就是真正把群众利益放在了心上。

时刻牢记群众利益，就要自觉维护群众的合法利益。就目前而言，有两件事尤其需要引起关注：一是建设用地征地的补偿金及安置到位问题。切实保证农民的利益不受侵害，做到补偿到位，安排好被征地农民的生产和生活，是件不容忽视的大事。二是维护矿山企业的合法权益，为他们创造一个良好的外部环境。当然，还有其他。

时刻牢记群众利益，就要进一步改革行政审批制度，努力提高办事效率。凡是能简化的程序，就不要搞复杂化。凡是能一天办完的，就不要拖到第二天。“时间就是效益”，我们必须清醒地认识到这一点。

时刻牢记群众利益，就要认真倾听群众的呼声和意愿。对群众的疾苦、困难，要尽可能予以帮助，而不能漠不关心。特别要重视群众来信来访工作，决不能由于我们的工作不负责，而使一些细小问题由小拖大，损害党的形象，影响社会稳定。

时刻牢记群众利益，说到底就是要有一个良好的精神状态，要有强烈的公仆意识和党性意识。面对市场经济大潮的冲击，要廉洁奉公，不谋私利，遵守党纪国法，讲究职业道德，不断开拓创新。

时代在前进，事物在变化。历史证明，世间事物不管如何发展变化，但有一条是不会变的：凡是心里装着群众的人，群众心里就装着他。得民心者得天下，“群众利益无小事”，这是一条永远不变的真理。让我们永远记住这一点。■（原载2003年第7期《河南国土资源》）

要十分重视对被征地农民的补偿问题

□ 本刊评论员 学 文

近日，笔者看到了两条信息。

其一是，河南省委一位领导语重心长地告诫全省各级领导：对被征地农民的补偿一定要合理合法，一定要达到合理的标准，廉价地强行征收农民的土地不是“经营城市”。我们决不能让农民失去土地又失业。这话说的是何等之深刻，又是何等之好啊！字里行间体现着“三个代表”重要思想和对农民兄弟的一片深情，读后令人感动。

其二是，登封市知错就改，不失明智之举。据报道，在修建登封铁路一期马岭山至白坪段时，该市政府截留了被征地农民的补偿费427万元挪作他用。近来，登封市委、市政府领导通过学习“三个代表”思想和国家有关规定，断然决定：想方设法将其截留的427万元迅速返还给被征地群众。

毫无疑问，这两条信息向人们传达了这样一个有现实意义的话题：必须十分关注对被征地农民的经济补偿问题。

之所以如此，首先是因为土地是“人类生存的根本”，更是农民生存所系。多少年、多少代，他们祖祖辈辈就生活在这里，日复一日地辛勤耕耘、劳作，不断播撒着汗水和希望。如今因国家建设用地，他们从大局出发，忍痛割爱将其一部分耕地贡献了出来，已是难能可贵了。我们决不能因经济补偿不到位，而影响他们的生活乃至生存问题，让他们失地又失业。

其次，对被征地农民补偿到位，这是我国有关法律法规所强调的。而法律制度是刚性的规定，不能有任何随意性，自己想怎么着就怎么着。以法治国是我党的基本治国方略，依法行政是党和国家对各级政府的基本要求。因此，能不能做到对农民补偿到位，说到底是是否依法办事的问题。在当今法制社会里，有法必依，执法必严，违法必究，应该成为人们的自觉行动。

再次，从根本上讲，能否做到对被征地农民补偿到位，实际上是能不能做到“三个代表”的问题，能否做到立党为公、执政为民的问题。全心全意为人民服务，是我们党一切工作的根本宗旨。我们想事情，做工作，想得对不对，做得好不好，根本的衡量尺度，就是人民拥护不拥护，人民赞成不赞成，人民高兴不高兴，人民答应不答应。很显然，那种以截留、挪用被征地农民补偿款的行为，人民是不会高兴和答应的。

此外，做好对被征地农民的补偿工作，也是搞好社会稳定的需要。据了解，现在一些地方群众上访数字之所以居高不下，与一些地方征地补偿不到位有很大关系。值得注意的是，一些地方在肆意侵害农民利益的同时，还给自己戴上一顶“发展经济”的桂冠。殊不知，我们发展经济的目的是为了人民的根本利益，发展经济必须遵循国家的有关法律法规，否则，所谓“发展经济”是假，为个人或小团体谋私利、图虚名才是真。这已是被无数事实所一再证明了的。

总之，做好被征地农民的经济补偿问题，是件大事，而非小事。做好了，不仅有利于社会稳定，有利于依法治国方略的落实，有利于加快城镇化、工业化的速度，而且从根本上讲，有利于“三个代表”重要思想的落实。让我们时刻记住这一点吧。■（原载2003年第8期《河南国土资源》）

认真搞好回头看

□本刊评论员　于　文

自2003年2月以来，按照国务院的统一部署和国土资源部的工作安排，全省开展土地市场秩序治理整顿已7个多月了。几个月来，通过全省各市、县的共同不懈努力，目前，已取得了显著成绩。据不完全统计，现全省共清查出各种违法用地2717宗，总面积4.2万亩，实际用地面积3.7万亩；划拨土地非法转让用于房地产开发的904宗，土地面积4117亩；集体土地非法转让用于房地产开发的147宗，土地面积1617.7亩；全省其他发现的各种土地违法案件2.8万件，应立案查处2.4万件，实际查处2万件。各级领导亲自挂帅，强化政府行为，认真清查，边整边改，使土地市场治理整顿不断深入，土地市场秩序不断规范。总的来看，前段全省土地市场秩序发展态势良好，取得了喜人的阶段性成果。对此，我们必须充分肯定。

但是，也应该看到，一些市、县也存在一些不容忽视的问题。主要是一些市、县领导和国土资源部门领导没有认识到这次治理整顿是促进职能到位、管理到位、提高用地服务保障能力以及市场调整能力的重要机遇，工作的主动性、自觉性不够；有的在治理整顿中偏重查管理相对人，忽视查自己；有的偏重具体违法案件查处，而忽视已有制度是否落实。同时，也存在着各地工作进展不平衡和执法手段不强、执法难的问题。

针对上述情况，按照国务院联合督察组和河南省政府的要求，各市、县很有必要来一个回头看，要在前阶段查找问题的基础上，重新回过头看查找的问题是否准确、彻底，分析问题产生的原因是否深刻、到位，整改的措施是否具体、是否落到了实处，确保治理整顿不走过场。

要搞好回头看，首先必须进一步提高认识，强化机遇意识。要进一步认真贯彻、落实国务院电视电话会议精神，把思想统一到中央的决策和部署上来，进一步强化各级政府的责任。

其次，要进一步完善各项有关制度，狠抓落实。要把这次治理整顿作为进一步完善和严格落实政策、制度的过程，从抓好自身建设的角度出发，进一步建立和完善各项规章制度。对自查出的问题抓紧制定整改意见。

再次，要进一步加大督察力度。各级领导要转变作风，深入基层，及时发现和解决各地整改中出现的各种问题。应注意狠抓典型案件的查处，特别是对那些顶风违规违纪的问题要严肃处理，决不手软。与此同时，要进一步加大舆论宣传力度，在全省范围内营造一个良好的土地市场治理整顿环境。

搞好回头看，归根结底是为了向前看。时如流水，稍纵即逝。让我们加倍珍惜今后的每一个分分秒秒，抓紧再抓紧每一项整改措施的落实，切实把存在的问题真正纠正过来，打造一个健康有序的土地市场秩序，为实现全面建设小康社会的目标而不懈努力。■（原载2003年第9期《河南国土资源》）

知错即改，好！

□本刊评论员　于　文

近日，有三则消息传来，令人十分高兴。

一是据报载，郑州市政府前一时期曾下发了一个与土地管理法规精神相悖的文件。当国务院土地市场秩序治理整顿督导组提出这一问题后，郑州市政府当即下文予以撤销。

二是，周口市政府为了发展当地经济，曾擅自设立了一个工业园区。当国务院督导组提出后，市政府马上下文，迅速予以纠正。

三是，尉氏县的国有土地年租金，曾一度管理不规范，造成多头管理收费，不符合执法主体要求。全国土地市场秩序治理整顿以来，县领导知道后，立即予以纠正，明确了国土资源部门的执法地位，并且增加了编制，制定了具体办法。

实际上，令人高兴的事还远远不止这些。据不完全统计，截至8月底，全省共自查自纠出市级问题439条，现已有152条得到完全改正；县级问题3526条，现已有762条得到完全改正。如果考虑到近两个月各地的辛勤工作，有人估计，全省自查自纠出的问题已有三分之二以上得到改正。

其实，人非圣贤，孰能无过。个人如此，一个单位也不例外。即使一个人、一个单位在主观上如何想把工作做好、干漂亮，但由于认识上、客观上等诸方面的原因，也会产生这样或那样的问题。可以说，这将是不可避免的，是客观存在的。不管你承认也好，不承认也罢。因此，从某种意义上讲，谁在工作上有一点什么失误，这并不丢人。

问题是，有了错误怎么办？是拒不承认，坚持到底？还是闻过则喜，马上就改？或是应付了事，得过且过？很显然，一味坚持错误是没有出路的，于公于己都没有什么好处；做表面文章，应付了事也是不可取的。值得提倡的是，应像郑州市、周口市和尉氏县那样，知错即改。毛泽东同志说得好："犯错误是难免的，只要认真改了，就好了。""及早改正，威信只会比以前更高。"

这次全国性的进一步治理整顿土地市场，其基本原则就是"自查为主，突出重点，重在整改，区别对待"。笔者认为，这一原则实际上充分体现了党中央、国务院对国土资源系统广大干部的信任；我们应该珍惜并抓住这次机遇，把以前土地市场中存在的各种问题找出来、改过来，努力打造一个良好的土地市场新秩序。

应该看到，现在距年底国务院对土地市场治理整顿验收只有两个来月的时间了。时间稍纵即逝，我们且不可怠慢。让我们大家都能像郑州等地那样，进一步抓紧自查自纠，搞好整改，争取以优异的整改成绩向国务院和全省人民交出一份圆满答卷。■（原载2003年第10期《河南国土资源》）

什么工作都要抓落实

□本刊评论员　一　兵

日前，笔者在豫北某县国土资源局采访，发现该局从局长到每一个干部的办公桌上都放着用塑料制作的警示牌。那上面清晰地记录了这样一段座右铭，现抄录如下：

“开会＋不落实＝0

好思路＋不行动－0

好制度＋不执行＝0

布置工作＋不督促检查＝0

抓住不落实的事＋追究不落实的人＝落实”

看后，令人浮想联翩。这一座右铭把抓落实的重要性阐述得可谓淋漓尽致，而且表现形式新颖，可谓精辟之至。

君不见，目前在一些地方、一些单位搞形式主义、做表面文章成风，这是需要引起人们注意的。比如，有的地方对待上级布置的工作，往往是以开会落实为由，至于会后落实的怎样并不记在心上；有的工作思路不错，但缺乏将思路变成行动的措施；有的单位规章制度挂了一满墙，可很少有人过问贯彻得怎样；有的重布置工作，轻检查总结。凡此种种，都是不重视抓落实的表现。

重视抓落实，坚持实事求是，是我们党一贯倡导的优良作风，也是做好各项工作的基本要素。正确的选择是，对各项工作的落实，我们不仅要抓，而且要抓紧不放，一抓到底。正如毛泽东同志所说：“抓而不紧，等于不抓。”

什么工作都要狠抓落实，毫无疑问这是天经地义之事。目前已经是

2003年11月了，再有一个多月就要进入2004年了。此时此刻，我们很有必要回答这样一个问题:你的2003年度责任目标完成了吗？其中，哪些完成得好，哪些还存在一些问题？因为，如期完成年初制定的年度责任目标是件大事，它一方面是下级对上级、个人对组织的庄严承诺，另一方面也是一个人、一个单位有无事业心、有无贡献的具体表现。

当然，抓落实不能眉毛胡子一把抓，首先要抓大事，抓住对全局最有影响的事。只有这样，才可能起到事半功倍的效果。就当前而言，笔者认为，土地市场秩序治理整顿就是件大事，城镇住房土地登记发证工作就是大事，矿产资源补偿费征收入库就是件大事，需要予以较多的关注。

如果说昨天的努力为今天的大好局面奠定了基础，那么明天的成功更需要今天的多方准备。为了明天，为了河南国土资源事业的兴旺发达，让我们从今天做起，从身边的每一件事做起，从落实今年的每一个责任目标做起吧！■（原载2003年第11期《河南国土资源》）

让开拓精神永远年轻

——写在《河南国土资源》杂志创刊一周年之际

□本刊编辑部

又是一年12月。

此时此刻，掐指一算，《河南国土资源》杂志从创刊至今，已走过了整整一个年头。

那是2002年12月，当一本内容鲜活健康、装饰高雅大方、散发着中原泥土芳香的《河南国土资源》杂志出现在人们面前时，人们捧在手里是那样的惊喜、那样的兴奋——河南国土资源战线终于有了属于自己的宣传媒体啦！

如今，一年过去了，我们看到了这样一组数字：

年内，每月一期，加上安阳增刊，共有13期；

刊载文章，共有585篇，总字数85.92万；

发表照片、图片共790张（其中照片456张）。

目睹这沉甸甸的果实，耳闻社会各方面的认可与肯定，我们编辑部全体同志思潮滚滚，久久不能平静。

我们不能忘记，为了支持办好这份杂志，厅领导和有关部门负责同志曾一次又一次亲自听取编辑部同志的工作汇报，及时解决存在的问题，杂志每前进一步，无不渗透着他们的心血；

我们不能忘记，为了支持办好这份杂志，无数读者不仅踊跃订阅，而且寄稿子、提建议，此心之热诚，就是上帝也会为之动容的；

我们不能忘记，为了支持办好这份杂志，省新闻出版部门、全省不少省辖市国土资源局，纷纷伸出了热情友谊之手，有许多事至今仍令我们感动无比。

巍巍嵩山，载不动我们太多的美好记忆；滔滔黄河，流不尽我们太多的感激之情。面对充满希望的中原大地，请允许我们深深地鞠上一躬，并道一声：谢谢啦，衷心地谢谢啦！

诚然，我们深知，我们的工作尚有许多不如人意之处，与各级领导的要求和广大读者的希望尚有不小的差距。无论是栏目设置、文章质量、版式设计等，都有许多需要改进之处。但是，好在已有了一个不错的开端，我们将在集思广益的基础上，改革创新，团结奋进，争创一流。面对新的事业，新的征程，《河南国土资源》杂志犹如国土资源这棵参天大树上正待绽放的蓓蕾，需要大家的培育和呵护，更像一个蹒跚学步渴求成长的孩童，需要大家的关爱、支持和理解。在她日后的发展进程中，愿更多的领导、同行、朋友和广大读者继续给予无私的帮助。

“路漫漫其修远兮，吾将上下而求索”。我们深信，在邓小平理论和江泽民“三个代表”重要思想指引下，在各级领导和广大读者的大力支持下，《河南国土资源》杂志的明天一定会更加充满希望！让我们为之共同努力！■（原载2003年第12期《河南国土资源》）

转变作风是件大事

□本刊记者　一　兵

“要切实转变作风”。

这是全国、全省国土资源工作会议提出的一个重要口号。无论是部长、省长、厅长，均在讲话中强调了这一看似普通实则耐人寻味的话题。显而易见，这绝不是偶然的巧合，它反映了各级领导同志的一个共同看法：转变作风是件大事，必须用力抓好！

何以如此？在笔者看来，起码有这样几个原因：

一是振奋革命精神的需要。大家知道，2004年是实现“十五”计划的关键一年，也是落实十六大和十六届三中全会精神，加快小康社会建设步伐的重要一年。各级国土资源管理部门肩负着提供资源保障和保护好国土资源的双重任务，任务繁重，责任重大。为此，没有一种昂扬向上的革命精神是不能承担的。

二是探索新思路、开创新局面的需要。新的目标带来了新的问题，也出现了新的矛盾，需要有新的解决方法和思路。比如，面对国家用地指标下调，如何保障高速增长的建设用地需要，就需要探讨一些诸如通过“空心村”治理、矿山复垦等扩大耕地来源的办法。

三是营造团结一致、干事创业良好氛围的需要。无数事实表明，良好的人际关系，团结互助的亲情气氛，人心思干的向心力、凝聚力，对做好各项工作实在是太重要了。

作风是什么？笔者认为，良好的作风（包括思想、工作、生活等），对一个群体来说，它往往体现了一个单位的精神面貌和群体素质；对一个人来说，它充分反映了一个人的志向、情操和品质。当然，良好的作风形成不可能一蹴而就，往往需要较长时间的培育。大量事实告诉我们，大凡各项工作走在前面的群体，其成功的取得往往同其内部干事创业的良好氛围是分不开的。

要培育新的优良作风，就要自觉摒弃一些旧的不良作风。在当前，有几种不良作风尤其要引起人们的注意。

比如，有的人放着正道不走，硬是迷恋于社会上的拉关系、走后门，请客送礼，吃拿卡要，搞不正之风。

还有的人对上级的文件和国家法律法规不去认真学习，而是满足于一知半解，爱凭老经验办事。

也有的遇到问题不是想法解决，而是一味的推诿扯皮，常常一靠二推三不管。

更有的纪律涣散，贪图享乐，爱做表面文章，大搞形式主义。

如此等等，这些不良作风像瘟疫一样在一些单位不同程度地存在着。影响所至，这些单位的工作不仅上不去，而且漏洞百出，严重损害了单位及部门的整体形象。切实改变作风，已属刻不容缓。

新的目标、新的蓝图，呼唤着新的作风、新的氛围。让我们共同行动起来，坚持从我做起，从每一件小事做起，为培育良好的部门新风、新形象而竭尽全力！■（原载2004年第2期《河南国土资源》）

喜看——
中原大地兴起“空心村”治理热

□本刊记者　于　文

阳春三月，放眼中原大地，只见处处桃花盛开，油菜花飘香，麦田披绿，令人心旷神怡！更令人兴奋的是，在广阔的中州大地上，一股强劲的以“空心村”治理为主要内容的农宅整治热流正在悄然兴起，形势十分喜人！

所谓“空心村”，是指近年一些农民随着家庭经济收入增加，为了改善居住条件，盖了新宅而空了旧宅的一种特定历史现象。很显然，它一方面是一些农民富裕的表现，但另一方面，由于无人居住，又造成了土地的闲置浪费现象。有关调查资料显示，目前全省村庄闲置土地约250万亩；另外还大量存在着一户多宅及宅基地超标准现象，全省此类面积可达350万亩；两项合计高达600余万亩。显而易见，其耕地开发潜力甚大，亟待开发。

应该看到，在全省开展“空心村”的整治，这是落实党的十六大精神，加快工业化、城镇化步伐，实现“中原崛起”的需要。尽管目前我省的经济增长速度是比较快的，去年全省国内生产总值增长10.5%；固定资产投资总规模达2310亿元，增长率为26.9%。这是多年所没有的好形势。但是，同沿海发达地区相比，我们的差距仍不小，要实现2020年与全国人民一道进入小康社会，尚有较长的路要走。我们必须抢抓机遇，加快发展。而要发展、要建设，就要占地，我们的工厂、高速公路不可能建在空中。然而，现实是严酷的。众所周知，出于保护耕地的需要，国家每年下达的建设用地指标越来越少。也就是说，供需矛盾十分突出。大量事实表明，在全省开展“空心村”治理，是解决这一矛盾，保障建设用地需要的有效途径之一。

此外，通过“空心村”治理，改善农民居住条件，也是建设文明、富裕小康社会的需要。同时，对拉动内需，促进当地经济发展也有重要的作用。一句话，这将是我国农村土地改革之后为数不多的一次重大“农宅革命”，其重要现实意义和深远历史意义是显而易见的。我们应认清形势，顺应潮流，解放思想，转变观念，积极投身到这场波澜壮阔的“空心村”整治热潮中去。

诚然，要搞好全省“空心村”治理是一项宏大的系统工程，不可能一蹴而就。从一些先进乡、村的经验来看，要搞好“空心村”的治理，首先要搞好规划。如果没有一个比较符合实际的、适度超前的、统筹兼顾的规划，要想搞好“空心村”治理是不可能的。其次，要尊重民意，依靠群众。“空心村”改造涉及农民的切身利益，必须十分注意尊重农民的意愿，无论是规划选址、道路布局、住宅样式等都要认真听取他们的意见。另外，由于人们的经济收入有高有低，在实施进度上应允许有先有后。再次，党员、干部应起模范带头作用。从目前全省“空心村”改造进展的情况看，凡是党员、干部做表率的，那里的情况就比较乐观。此外，“空心村”改造绝对不只是盖几间新房子的事，它涉及建设、交通、电力、通信、民政及财政等部门，需要在地方党委、政府的统一领导下，共同为之努力，方能奏效。

令人欣慰的是，目前全省已出现了诸如卫辉市唐庄镇，及分布在林州市、正阳县、临颍县等地的一大批先进乡村。我们深信，“星星之火，可以燎原”。不需太长的时间，伴随着祖国大建设的铿锵前进步伐，式样新颖、布局合理、环境优美的文明新村必然会在中州大地大量涌现。我们对此充满信心。■（原载2004年第3期《河南国土资源》）

数据：让我们为收获兴奋

□本刊评论员

自2003年2月以来，全省认真落实国务院关于进一步治理整顿土地市场秩序的部署和要求，深入开展土地市场秩序治理整顿，历时一年多，目前，已取得了显著成绩。

这一结论，来自以下数据。请看：

其一，经清查统计，全省在整顿前共有各类开发（园）区72个，其中国务院批准4个，有关部委批准2个，省政府批准20个，市县政府批准46个。在整顿中，按照有关规定，省政府已下文撤销、整合44个，涉及土地面积1.1万公顷。与原开发数相比下降了40%，面积由原来的4.77万公顷减少到3.65万公顷。这表明，全省各级政府在清理整顿开发（园）区方面是下了真功的，成绩是明显的。

其二，针对一些地方拖欠农民征地补偿安置费严重的问题，省政府下发了专门文件，要求各地必须依照法律规定足额补偿到位。据统计，现已补偿7.25亿元,取得了较大进展。

其三，严肃查处了一批各类土地违法违规案件。据统计，整顿以来，全省共立案查处各类土地违法案件2.3万起，结案2.2万起，罚没款5137万元，责令退还土地149.6公顷，并对126名责任人提出了党纪政纪处分建议，其中有82人受到党纪、政纪处分，另有17人被追究刑事责任，从而使全省土地违法势头得到有效遏制。

其四，经营性用地招标、拍卖、挂牌出让制度得到全面落实。在清理整顿中，通过对1999年至2002年7月1日划拨、出让用地情况进行全面清查，已补交出让金12.74亿元。通过建章立制，全省经营性土地招、拍、挂纳入了规范轨道，有效减少了国有土地资产的流失。据统计，2002年，全省出让、交易、处置国有土地使用权总收益161.95亿元；2003年土地总收益达184.4亿元，有了较大提高。

数据是公正的，也是最有说服力的；同时，也是来之不易的。在这些数字的背后，既凝结着全省各级党委、政府领导同志的心血，也渗透着全省国土资源系统领导和同志们的大量辛劳，同时也反映了各有关部门齐抓共管、协调行动的出色战果。因此，我们为这组数字兴奋，因为它是大家用对党的忠诚、对人民的忠诚之心换来的。

然而，成绩只能说明过去，未来仍需继续开拓。近日，国务院又发出了深入开展土地市场治理整顿严格土地管理的紧急通知，要求从现在起集中半年左右的时间，继续深入开展土地市场治理整顿，并提出了严格的明确规定。这将是一场新的战斗。让我们积极面对，开拓创新，再创佳绩。■（原载2004年第5期《河南国土资源》）

提高认识，积极参与国民经济宏观调控

□本刊评论员　学　文

积极参与国民经济宏观调控，这是当前摆在各级国土资源管理部门面前的一项重要任务。

应该看到，这既是党中央、国务院赋予国土资源管理部门的重要职责，同时也是国土资源管理部门各项工作上水平、上层次的难得机遇。这项工作做好了，有利于遏制固定资产投资增长过快，特别是一些行业、地方盲目投资和重复建设，促进国民经济平稳较快发展；有利于提高土地节约利用水平，优化土地利用结构和布局；有利于土地市场的规范和发展。我们一定要不辜负党中央、国务院和省委、省政府的重托，切实履行好我们的应有职责。

为了履行宏观调控职责，各级领导同志首先要转变观念，提高思想认识。现在有些人片面认为调控就是压缩，影响当地经济发展；有的则认为宏观调控是上面的事，与己无关；有的则习惯于单纯地就土地论土地，就本地经济发展来管土地，畏难情绪较大。凡此种种，都应在迅速克服之列。总之，一定要转变观念，学会从宏观的、综合的、全局的角度思考问题，从经济管理的角度去处理问题。

要参与宏观调控，就要深入思考，认真研究宏观调控的内容和重点。比如，要确定一个合理的建设用地总量，处理好建设用地和耕地保护的关系。再如，要研究土地供应结构；通过对不同用途土地的供应，促进产业结构调整和产业优化升级。还有，要制定不同区域的供地政策，引导产业区域合理布局和协调发展。

要参与宏观调控，就要准确把握调控的时机和力度。除需要对经济形势的准确判断外，还必须准确分析和掌握土地供应的实际状况，准确了解批了多少，用了多少，利用结构、强度怎么样，还有多少批了没有使用等。在此基础上，准确判断土地供应是否适度，提出调控的措施，学会运用土地政策为宏观经济“加油门”、“点刹车”。

要参与宏观调控，就要处理好国土资源部门与其他部门之间的关系。搞好宏观调控，这既需要其他诸如发改委、银行等部门的共同努力与配合，也需要各地市县政府的大力支持。如何通过互相沟通和信息交流，形成共识，应是我们应该给予注意的重要问题。

要参与宏观调控，就要切实加强各级国土资源部门的自身建设。在思想方面，要认清形势，团结一致，积极面对新的任务和考验。在业务方面，要适应新情况，建立起相应的国土资源经济形势定期分析制度。尤其重要的是，要转变职能，转变作风，努力提高办事效率，进一步提高服务水平。

新的形势，新的任务，新的挑战，新的机遇。让我们抓住机遇，坚定信心，以“三个代表”重要思想为指导，牢固树立和落实科学发展观，尽职尽责地做好各项工作，为河南经济社会的全面、协调、可持续发展作出应有贡献。■（原载2004年第6期《河南国土资源》）

矿产资源整合势在必行

□本刊评论员　学　文

日前，河南省人民政府常务会议作出决定，从今年开始，用1至2年时间，对全省煤炭、铝土矿资源进行整合。毫无疑问，这是我省矿业经济宏观调控的一件带有战略意义的大事。

矿产资源是不可再生的。尽管我省的煤炭、铝土矿储量分别占全国的第十位和第四位，但是，几十年来特别是近几年来矿业开发速度较快。2003年原煤产量达到1.18亿吨，居全国第五；氧化铝产量达到137.6万吨，占全国产量的1/4以上，居全国第一位。目前，全省煤炭、铝土矿的资源形势已十分严峻。另一方面，矿业开采中又存在着小矿太多、集约化程度低等现象；采富弃贫，回收率低；加上破坏性、掠夺性开采和无序竞争，资源浪费现象相当严重。问题已到了非整治不可的程度。

据了解，此次整合的目标是:全省90%以上的煤炭储量和70%的铝土矿储量要由骨干企业占有及控制；全省的小煤矿要由现在的1569家减少到400家以内，年产煤能力要达到15吨以上，铝土矿要从现在的119家减少到50家以内，年生产能力要达到10万吨以上；煤矿回采率要达到80%以上，铝土矿回采率要达到75%以上；安全生产要达到全国先进水平；矿区生态恢复治理率要达到15%以上；“三废”排放总量明显减少。

显而易见，要顺利实现上述目标并不是一件易事，仍需要上上下下、方方面面的共同努力。

为此，首先要进一步统一认识。应该看到，实施资源整合是树立和落实科学发展观的重大举措，是有效保护和节约资源的必然选择，是实现矿业集约化、规模化发展的客观要求，是提高矿业安全生产水平的迫切需要，是保护生态环境的重要措施，同时也是提高资源保障能力的有效途径。一句话，是势在必行。

其次，要认真学习河南省政府有关资源整合的文件，真正弄清资源整合的目的与意义、内容与重点、方法与步骤及相关政策，统一思想，统一行动，坚持依法行政。

再次，要认真落实政策。在推动各矿山进行资源整合时，要坚持统筹兼顾，维护各方合法权益，妥善处理债权债务和职工安置问题，维持地方政府的财政利益不变，坚持自愿、依法、有序进行。

最后，要加强领导，严明纪律，密切配合。此次资源整合，省政府明确要求，以市县政府为主进行，政府主要负责同志为第一责任人，各个部门密切配合。国土资源部门是资源管理部门，积极参与并做好资源整合工作，更是责无旁贷。

值得注意的是，从昔日矿业开发提倡“有水快流”到今日进行的“资源整合”，反映了我们曾经走过的一段历程，以及认识上的逐步升华与提高。我们要十分珍惜这一机遇，为了河南矿业的可持续发展，为了子孙万代的长远利益，而迎难而进，开拓创新。■（原载2004年第7期《河南国土资源》）

为“向存量建设用地挖潜力”叫好

□本刊评论员　学　文

进入2004年以来，为了进一步实施国民经济宏观调控政策，国务院再次作出了一个重大决策：在全国继续深入进行土地市场秩序整顿，实行“三个暂停”。而另一方面，各地为了发展经济，又要上建设项目，需要用地保障。

显然，这是一道难题。面对这种情况，是一味强调困难，无所作为，还是迎难而上，开拓创新？令人高兴的是，我省各市县国土资源部门纷纷采取了积极态度，响亮地提出了“向存量建设用地挖潜力”的口号，从而开辟了全省转变用地方式的新篇章。

在“向存量建设用地挖潜力”的口号下，人们兴奋地看到——

郑州市，在市政府的统一部署下，各县（市、区）对闲置土地进行了全面清查，共发现闲置土地105宗，总面积7207亩。在此基础上，市县国土资源部门根据每宗土地闲置原因，提出了相应的解决方法，使“死地”活了起来。

洛阳市，十分重视激活存量土地。该市海虹轮胎有限公司因搬迁需在郊区征地300多亩，后在市局协调下将选址改在原某研究所的已征闲置土地上，一下子省去了征地烦恼，结果出现“一家用地，多家欢喜”的局面。

三门峡市，利用闲置土地有新招。该市国土资源局在调查中发现，全市原国有煤场有不少已经倒闭，有大片土地闲置。依法收回后，仅此一项就为市区提供建设用地4.3万平方米，新上项目建设用地有了着落。

鹤壁市，对已批未建土地进行全面清理。通过清理，仅开发区就有

666亩已批未建土地。同时，加大了对于长期停建的半拉子工程用地收回力度，从而有力地保证了新建项目建设用地需要。

南阳市，对挖掘存量用地潜力历来重视，今年以来更是加倍起劲。据统计，自2000年以来，全市已累计挖掘存量建设用地256.65公顷，大大支持了当地经济建设。

在济源，在安阳，在全省不少地方，人们看到了大量挖掘存量土地、保证建设用地的例子。一句话，“向存量建设用地挖潜力”的口号越叫越响。人们不仅在喊，更多的是扎扎实实的行动。

更加令人兴奋的是，巩义市等地还开展了对当地低效用地情况的调查，并在此基础上，对那些低效、污染企业用地向政府提出了具体处理意见，促进优胜劣汰，受到了社会各方面的好评。

应该看到，“向存量建设用地挖潜力”的口号和做法，符合国家关于重视耕地保护、转变用地方式、实行集约用地的精神；符合省部关于抓住机遇、迎难而上、保障经济建设需要的要求；是件利国利民，又有利于改善国土资源部门自身形象的大好事。

是好事，就应进一步把它做好。我们真诚希望，那些在这方面已经做出显著成绩的市县要再接再厉，争取创出新的成绩；那些尚在起步、甚至尚在观望的市县，应快马加鞭，迎头赶上。时不我待，让我们为之共同努力。■（原载2004年第8期《河南国土资源》）

有感于“集约用地先从党政机关抓起”

□本刊评论员 学 文

本期刊载了一篇题为《一项令人兴奋的改革实践——关于河南省孟州市集约用地先从党政机关用地抓起的调查》的通讯，请各位读者不妨一读,相信对您或许有一定的启发和帮助。

应该说，类似“××××先从党政机关抓起”这样的提法，我们在党风廉政建设等方面已听得比较多了，但在集约用地方面“先从党政机关抓起”的提法还是比较新鲜的。所以，它给人带来耳目一新的感觉。

何故？首先是它反映了一种新的用地观已在孟州市市委、市政府领导的头脑中牢牢树立。这实在是一个很了不起的进步。昔日盲目的“地大物博”的观念已被“人多地少”的危机意识所代替。为了子孙后代，为了当地经济可持续发展，必须十分注意耕地的保护，走内涵发展、集约用地之路。

其次，面对实行集约用地任重道远的局面，该市领导以大无畏的英雄气概，响亮地提出：集约用地先从党政机关用地抓起。这无疑是鼓舞人心的。因为无数事实表明，无论再大再难的事，只要领导机关一带头，一切便会迎刃而解，事半功倍。孟州市集约用地成绩显著的实践证明了这一点。

重视党政机关集约用地，这的确是一个值得注意的问题。按照我国现行有关法律法规要求，党政机关用地属于行政划拨用地，无偿取得。正因为如此，有不少单位不分职工多少、是否需要，总希望自己有一处独立的院落，能批较多的地，而且越大越好。发生在孟州市的情况就是这样。有的局委仅一二十人就占有四五亩地甚至七八亩。由于历史原因，这些单位一般都是两层小楼，院内空地较多，从而造成了土地资源利用效率低下。实际上，这种情况在全国不少地方普遍存在。问题是，有的地方的一些部门对此尚无明确认识或熟视无睹，有的地方不仅认识到了并且开始了行动。孟州市属于后者。令人高兴的是，他们采取建设行政服务中心综合楼的做法化解了这一难题，使上百亩土地潜力充分挖掘了出来。当然，我们为孟州市抓集约用地先从党政机关抓起的做法叫好，还在于他们处理问题时的实事求是态度。他们并不是不分机关的性质、规模、建筑物的新旧，一律收回处置，而是该保留的仍然保留，该收回处置的收回处置。结果,方方面面，均皆大欢喜。从这一点讲，他们的政策水平是值得称道的。

应该看到，今年以来，面对国家土地市场整顿期间实行的“三个暂停”，我省各地国土资源部门为了保障建设用地需要，千方百计挖掘存量建设用地潜力，走内涵发展道路，做了大量工作，成绩是十分显著的。孟州市的经验只是其中一个。但从中我们可以清晰地看到，不少地方人们的用地观念、用地方式开始发生根本转变。这是一个重要的变化，喜人的变化。我们有理由深信，只要我们继续努力，明日的全省集约用地形势，一定会更加令人欣喜、风光无限。■（原载2004年第9期《河南国土资源》）

百姓之事皆大事

□本刊评论员　学　文

日前，一位下基层督促信访的好友入室小坐。问起下面情况怎么样时，他深有感触地说："要想为群众办成一件事，光人下去还不行，还得对老百姓有感情，真正把百姓之事当成大事办。一句话，'得上心'。"

不仅"人下去"，更要"事上心"，这位朋友讲的是何等之好啊！说白了，这位朋友讲的实质上是一个对待群众的感情问题，对群众上访的态度问题。

何谓群众来信来访？其实，就是一些群众、单位因为利益受到损害，或者遭到不公正待遇而向上级反映，要求给个公道的说法。应该说，这是群众对上级的信任，也是他们的应有权利。可是遗憾的是，一些地方的行政者往往习惯以高高在上的姿态对待信访群众，漫不经心，甚至认为"上访就是告状，告状就是刁民"，对待信访群众缺乏同情心，甚至表现得非常冷漠。他们不明白，政府的权力是人民赋予的，理应接受群众的监督，满足群众的合理要求。尊重信访人的权利，维护信访人的合法利益，是各级政府和部门应尽的职责。信访无小事。信访群众反映的问题相对于一个行政区域来说或许是小事，但对于信访者个人来说却是大事。何况群众来信反映的问题一般都是难事、急事，他们解决不了才来找政府的。这样的事各级政府部门当然要尽力解决，并有责任解决好。

应该看到，眼下由于种种原因，目前在社会上群众上访的案件中，涉及国土资源工作方面的占有相当大的部分。而其中，违法占地、征地补偿不到位及乱批滥划宅基地等三方面，占有较大比例。从群众上访的特点来看也有一系列变化，大体表现在四个方面：一是上访的反映对象多为政府部门及乡村干部，具有强者身份；二是上访的参与者多数水平有明显提高，对法律、法规知识比较熟悉，且有一定的组织；三是事件处理难度一般比较大，往往不是国土资源部门自身就能解决的，需要多个部门统一认识方能加以解决；四是一些地方作风拖沓、办事不公，使一些小事久拖不决。我们必须认真分析每宗案件的来由，弄清原委，对症下药，切实予以解决。

无数事实表明，要想使一大批久拖不决的群众上访案件迅速加以解决，光有良好的愿望和对群众深厚的感情还不行，还必须有正确的方法。比如，领导包案，专人办案，限时结案；充分运用听证手段，及时了解群众意见，把住把好信访问题的源头。更重要的是，要实行党委、政府领导挂帅，齐抓共管，综合运用政策、法律、经济、行政等手段和教育、协商、调解等方法，方能取得良好效果。

“四面湖山归眼底，万家忧乐到心头”。无数单位的事实表明，只要我们坚持“万事民为先”的原则，真正把老百姓的事放在心上，坚持权为民所用，利为民所谋，就没有解决不了的难题。■（原载2004年第10期《河南国土资源》）

绝不能让违法勘查开采“再抬头”

□本刊评论员 学 文

近来，随着矿业市场行情看好，一些地方的违法勘查及超层越界开采活动有所抬头。对此，我们应有充分的思想认识，硬起手腕，迎头予以痛击。

应该看到，近年来尤其是今年以来，河南省各地在整治和规范矿业秩序方面做了大量工作，成效是显著的。但是，由于受利益驱动，有的问题依然存在；有的已被取缔的小矿又死灰复燃；而以采代探现象，则较普遍地存在。这些问题的存在，不仅使矿产资源法的尊严受到侵犯，珍贵的国家矿产资源受到破坏，而且还带来了不少潜在的安全事故隐患。如不引起重视，一旦出现安全事故，必然使国家财产和人民的生命安全受到损害。

当前，整顿矿产勘查和开采秩序抓什么？就煤矿而言，整顿的内容是：要坚决取缔无证采矿；凡小煤矿超层越界开采的，一律关闭；凡小煤矿采矿证到期的，一律不再延续；凡地方国有和省属重点国有煤矿超层越界开采的，一律立案查处；立即对全省所有煤矿组织一次排查；资源整合期间，停止审批所有新办的小煤矿。就非煤矿山而言，整顿的内容是：凡无证采矿，要查封设备、遣散民工、炸毁井口、充填井筒、恢复地貌；对以采代探的，要依法撤销勘查许可证；凡小铝土矿超层越界开采的，一律关闭；凡小铝土矿采矿许可证到期的，一律关闭；凡其他非煤小矿和中型以上矿山超层越界开采的，一律立案查处；凡未按批准的开发利用方案组织生产的，一律予以取缔。

显而易见，这次在全省范围内开展的矿业秩序整顿同目前全省矿山安全形势严峻有关。10月下旬，河南省郑煤集团大平煤矿和鲁山县梁洼煤矿先后发生重大人员伤亡事故，教训极为深刻。为了避免此类惨剧的再次发生，深入搞好矿业秩序整顿是其重要的一个方面，我们千万不可掉以轻心。

抓整顿怎么抓？换句话讲，当前要注意什么问题？我们认为，起码要注意五个方面：

一是要统一思想，彻底解决认识不到位的问题。各级国土资源管理部门一定要把规范和整顿矿业秩序当做一件大事来抓，而且“一把手”要亲自抓、亲自过问和部署，主管副职具体抓落实。

二是要进一步明确市、县监督管理职责，明确分工。所有的矿山（无论大矿还是小矿）、所有的矿种，都要纳入监督范围，不留空当。

三是要突出重点。煤矿的重点是无证采矿和超层越界开采，以及已经关闭现又死灰复燃的矿井。非煤矿山除同煤矿相同的外，仍有以采代探的问题；现在一些地方以采代探现象相当严重，应引起人们的充分重视。

四是要狠抓基础工作，不断完善监督管理体制，搞好日常动态巡视。

五是要抓好廉洁自律，建立严格的责任制。只有理清监督执法人员与矿主的关系，执起法来手腕才能硬。

河南省国土资源厅已明确重申，整顿后，凡发现一个县（市、区）有两处非法生产或应关闭而未关闭的矿山，县（市、区）国土资源局局长立即停职检查，等候处理。

总之，对这次矿业秩序治理整顿的重要性，我们一定要有十分清醒的认识。实践将会证明，只要我们各级领导同志的认识上去了，方法弄明白了，力气下大了，全省的矿业勘查和开采秩序治理工作一定会出现一个良好的结果，给党和人民交出一份圆满的答卷。■（原载2004年第11期《河南国土资源》）

迎接省以下国土资源部门垂直管理的新时代

□本刊评论员

当前，按照党中央、国务院的部署和河南省委、省政府的统一要求，全省各地正认真进行国土资源主管部门领导干部交接工作。一句话，全省国土资源系统即将进入省以下垂直管理的新时代。

应该看到，对现行的国土资源管理体制进行改革，这是党中央、国务院为了保障国民经济的平稳运行，解决国土资源特别是土地管理中的突出问题而做出的一项重大决策。这既是贯彻党的十六届四中全会精神，提高党的执政能力，树立科学发展观的现实要求，又是落实宏观调控措施、严格土地管理的必要保障，对于进一步强化省级人民政府保护国土资源的责任，落实最严格的耕地保护制度，切实加强矿产资源管理，推进依法行政，推动国民经济可持续发展，具有十分重大而深远的意义。

要做好省以下国土资源部门干部管理体制改革工作，必须明确改革的重点。显而易见，这次改革的重点主要表现在以下两个方面：一是行政体制方面，理顺省以下国土资源行政管理体制。省辖市、县（市）国土资源主管部门，由同级人民政府的组成部门调整为工作部门，其机构编制仍由同级人民政府管理。市辖区国土资源主管部门、乡（镇）国土资源管理所的机构编制上收到省辖市和县（市）人民政府管理，作为省辖市和县（市）国土资源主管部门的派出机构。二是干部管理方面，调整省以下国土资源主管部门干部管理体制。省辖市、县（市）国土资源主管部门的领导干部仍实行双重管理体制，但从以地方党委管理为主，调整为以上一级国土资源主管部门党组（党委）管理为主，地方党委协助。国土资源主管部门党政正副职（含同级非领导职务）、党组成员（党委委员）的任免，在事先征求地方党委意见的基础上，由上一级国土资源主管部门党组（党委）决定。

做好这项改革工作，政策性很强，事关国土资源事业长远发展的大局。我们必须认真领会中央意图和省委组织部的通知精神，切实做到理解上不偏差，执行上不走样。就当前而言，要特别注意三件事：一是各级党委组织部门和国土资源主管部门党组（党委）一定要高度重视，加强领导，严密组织，各司其职，密切配合；二是要以“倒计时”方式安排好交接进度，决不能拖全国、全省的后腿；三是要严肃干部交接工作纪律，严格执行有关规定，确保各项工作的正常进行和社会稳定。

随着全省省以下国土资源部门垂直管理的实现，全省国土资源管理工作将掀开新的一页。新的时期，新的任务，新的环境，新的课题，必须要有新的姿态。我们一定要按照中央和省委有关文件精神，从讲政治的高度来认识和处理问题。要加强团结，努力工作，确保改革和工作两不误。要注意新情况，研究新问题，不断开拓创新，再接再厉，迎接更加美好的明天！■（原载2004年第12期《河南国土资源》）

齐心协力抓紧抓好保持共产党员先进性教育活动

□本刊评论员　学　文

目前，按照党中央的通知精神和河南省委的部署，全省国土资源系统从省厅机关到各市县（市、区）国土资源局，普遍认真开展了保持共产党员先进性教育活动。这是一件大事。我们一定要迅速行动起来，坚决响应党中央的号召，以高度的责任感和使命感，把这项事关全局、事关长远的政治任务抓紧抓实抓好。

在全党开展保持共产党员先进性教育活动，是党中央着眼于我们党始终走在时代前列、始终保持先进性、始终充满生机活力作出的重大战略决策。抓好这项教育，是学习实践“三个代表”重要思想的需要，是推进党的建设伟大工程的需要，也是全面建设小康社会、实现中原崛起的需要。对此，我们一定要有十分清醒的认识，切实增强开展先进性教育活动的自觉性、坚定性和积极性。

按照党中央的要求，开展先进性教育活动，要紧密联系实际，着力解决如何进一步提高各级领导班子、领导干部执政能力问题，着力解决如何发挥基层党组织战斗堡垒作用的问题，着力解决如何发挥共产党员先锋模范作用的问题。此外，还要认真解决好党的建设中遇到的难点问题，以及人民群众关注的热点问题，力争达到四项目标，即：提高党员素质，加强基层组织，服务人民群众，促进各项工作。所有这一切都是先进性教育的基本要求，我们必须认真学习和掌握，并付诸实践。

联系国土资源系统实际，抓紧抓好保持共产党员先进性教育活动更有特别重要的现实意义。众所周知，2005年是省以下国土资源系统干部管理体制改革后的第一年。新的时期，新的任务，给各级党员干部和广大共产党员提出了新的要求。近年来，各市县（市、区）国土资源部门在当地党委、政府的领导下弘扬求真务实精神、转变干部作风，采取了一系列措施，取得了明显成效。总的来看，各级干部的主流是好的，并得到了广大人民群众的信任和拥护，但是，还必须看到，干部作风中仍存在着一些不容忽视的问题，需要通过先进性教育活动加以解决。要搞好先进性教育活动，必须坚持理论联系实际，务求实效；必须坚持以正面教育为主，认真开展批评和自我批评；必须发扬党内民主，走群众路线；必须坚持领导干部带头，发挥表率作用；必须坚持区别情况，分类指导。为此，各单位要切实加强领导，明确责任，严格纪律，把先进性教育活动的各项工作落到实处。

“等闲识得东风面，万紫千红总是春。”我们深信，在省委和各级地方党委的领导下，全省国土资源系统各级党组织和广大共产党员一定会恪尽职守，扎实工作，不负众托，以卓有成效的先进性教育活动的成绩，向党和人民交出一份满意的答卷。未来的河南国土资源各项工作，必然会更加生机勃勃，百花争艳。■（原载2005年第2期《河南国土资源》）

向忠诚的国土卫士——闫道强同志学习

□本刊评论员　学　文

2004年隆冬，正当全省矿业秩序整顿紧锣密鼓进行时，12月13日下午6时许，南召县乔端镇矿管站原副站长闫道强，却因秉公执法，遭到不法矿主殴打，不幸以身殉职，以鲜血和生命谱写了一曲嘹亮的国土卫士之歌。

2005年3月15日，中共河南省国土资源厅党组作出决定，在全省国土资源系统开展向闫道强同志学习的活动，并于3月16日在郑州召开了由各省辖市、县（市、区）国土资源局长，厅机关及直属单位党员共500余人参加的动员大会。对此，我们一定要提高认识，迅速行动起来。

闫道强同志生于1950年9月，1970年6月参加工作，1997年7月正式加入国土资源队伍。先后在白土岗镇土地所、白土岗镇矿管站工作。2004年8月，在南召县矿业秩序整顿时，他被组织上任命为矿业秩序整顿任务较重的南召县乔端镇矿管站主持工作的副站长。他恪尽职守，在不到4个月的时间里，跑遍了辖区的山山水水，彻底摸清了全镇的矿产开发和违法采矿底数。在乔端镇党委、政府和县局的支持下，他不顾个人安危，顶住种种压力，依法取缔了7家无证矿，从而大大改善了矿山安全条件，全镇矿业秩序得到了明显好转。他长期奋战在乡镇土地管理第一线，在工作中，一贯秉公办事，不徇私情，不吃请收礼。在自己收入不高、家境清贫的情况下，他仍念念不忘救助一些孤寡老人，积极参加为群众修路、架桥、捐资建校等公益活动。在家里，他尊敬老人，疼爱妻子，严管子女，继承和发扬中华民族的传统美德。总之，他以自己平凡而闪光的言行，用自己正直、勤劳的一生，在成千上万人的心中树起了闪闪发光的路标：人生之路，就要这么走。

伟大出自平凡。多年来，闫道强牢记党的教导，严格要求自己，“堂堂正正做人，踏踏实实干事”，认真实践“三个代表”重要思想，向人们展示了一个国土资源管理工作者平凡而伟大的光辉形象，为全省国土资源系统干部职工树立了光辉的榜样。

当前，我们开展向闫道强同志学习活动，就要像他那样恪尽职守、秉公执法、具有勇于为党的事业献身的浩然正气。无论何时何地，都能无私无畏，不怕牺牲，忠实履行国土资源管理者的职责，保护好国家的资源，做国土资源的忠诚卫士。

向闫道强同志学习，就要像他那样牢固树立顾全大局、脚踏实地、无私奉献的敬业精神，不畏困难，埋头苦干，开拓创新，把做好国土资源管理工作作为自己的神圣使命。

向闫道强同志学习，就要像他那样发扬艰苦奋斗、严于律己、清正廉洁的优良作风，始终坚持“两个务必”，保持和发扬艰苦奋斗的优良传统，坚决同各种不正之风和腐败现象作斗争，树立起国土资源部门的良好形象。

向闫道强同志学习，就要像他那样，时刻心系群众、克己为人，永远保持乐善友爱的道德情操，时刻把群众利益放在心上，从群众最关心和最需要帮助的问题做起，千方百计助人济困，真心实意当好人民的公仆。

闫道强同志是为了捍卫法律的尊严，为了有效保护国家的矿产资源，不幸以身殉职，倒在自己心爱的工作岗位上的。他虽然离开了我们，但他身上所体现的一个忠诚的国土卫士的风采却永远光照人间。让我们积极行动起来，认真开展向闫道强同志学习的活动，团结一致，奋发向上，努力开创河南国土资源事业的新局面！■（原载2005年第3期《河南国土资源》）

开展基本农田整治势在必行

□本刊评论员　学　文

继2004年3月开始在全省范围内开展以“空心村”治理为重点的“三项整治”之后，日前，河南省国土资源厅根据上级有关精神，从河南省情出发，审时度势，再次作出了一个重要决定：从今年起，在全省范围内开展基本农田整治工作。

基本农田涉及国家粮食安全，关系到农民的长远生计，是耕地保护工作的重中之重。党中央、国务院及省委、省政府高度重视基本农田保护工作。中共中央在今年下发的一号文件中明确指出：要严格保护耕地，控制非农业建设占用耕地，确保基本农田总量不减少、质量不下降、用途不改变。加强集体建设用地和农村宅基地管理，鼓励农村开展土地整理和村庄整治。

应该看到，在全省范围内大力开展基本农田整治，是农村全面建设小康社会，保证国家粮食安全，改善农村生活条件，提高粮食生产能力的需要；是落实城市建设用地增加与农村建设用地减少相挂钩的需要；是新一轮土地利用总体规划修编和土地更新调查的需要；同时，也是把“三项整治”工作引向深入的需要。总之，其意义重大而深远。对此，我们应有十分清醒的认识。

“政策和策略是党的生命”。此次在全省开展基本农田整治，我们必须遵循的原则是：要依法开展；要有利于城镇建设用地增加和农村建设用地减少相挂钩，有利于农村建设用地流转；要避开将来的城镇建设发展区域、水利等重大工程区；要统筹规划，分步实施；要先整治，后使用；坚持谁投资，谁受益。其最终目标是：通过基本农田整治，使我省基本农田数量有所增加，质量明显提高，布局更加合理，“三项整治”工作进一步规范，将中央提出的耕地总量不减少和基本农田保护率不降低的政策落到实处，为城镇化发展提供有力的用地保障，全面提高我省农业综合生产能力。

要搞好基本农田整治，必须采取有力措施，稳步推进。为此，各市、县国土资源部门一定要加强领导，将基本农田整治列入工作的重要议事日程，做到认识到位、工作到位、明确分工、务求实效。

要大力推进机制创新。要建立政府推动、国土资源部门牵头、有关部门联动的工作机制；“三项整治”工作要建立谁投资谁受益、谁用地谁拿钱的投入产出机制，以及基本农田整治的投资收益长效机制、成果验收的责任约束机制、搞活使用权的流转机制，等等。

要注意将基本农田整治、地籍管理、基本农田保护、规划修编及2004年“三项整治”成果的验收有机结合起来。

要理顺基本农田整治的投资渠道。按照要求，各地征收的新增建设用地有偿使用费70%部分、用于农业土地开发的土地出让金30%部分主要用于基本农田整治。除此之外，各地仍应积极拓宽投资渠道，实现投资主体多样化。

要严明纪律，严格程序，求真务实，注重实效。要按照规定，加强对基本农田整治工作中立项、实施、验收等环节的监督，严禁任何形式的以权谋私和弄虚作假。

“多少事，从来急；天地转，光阴迫。一万年太久，只争朝夕。”让我们积极行动起来，在史无前例的全省基本农田整治中大显身手吧！■

（原载2005年第4期《河南国土资源》）

为河南矿业秩序整顿加油！

□本刊评论员

目前，全省各地矿业秩序整顿工作正在紧锣密鼓地进行。形势发展较快，效果正日益显现。

应该看到，从20世纪90年代以来，我们已进行过多次矿业秩序整顿。与历次的矿业秩序整顿相比，目前正在进行的矿业秩序整顿有以下显著特点：一是涉及的矿种比较多；二是涉及的范围比较大；三是以采代探、超层越界开采现象比较突出。当然，与历次开展的矿业秩序整顿相比，仍有一个共同的特点：那就是利益驱使是造成一些地方矿业秩序混乱的基本原因。滥采乱挖的存在，不仅造成珍贵的矿产资源严重浪费，而且不利于构建和谐社会环境，于国于民均无好处。对此，我们一定要有十分清醒的认识，要按照国土资源部和省厅的要求，自觉把矿业秩序整顿中的各项工作做细、做好。

为此，各市、县首先要制定出一个好的整治方案。明确提出每阶段的具体任务、时间要求和整顿目标，以及需要注意的问题，正所谓 “凡事预则立，不预则废”。

要突出重点。显而易见，无证采矿、以采代探、超层越界开采等是这次矿业秩序整顿的重点。特别是以采代探现象，近年比较严重，已到了非集中整治不可的时候了！

要坚决打击无证采矿行为。各地要按照要求，对所在区域的所有矿点进行拉网式排查，凡无证采矿的，要依法严惩，决不姑息，并对其现场所有地面设施依法摧毁，所有民工予以遣散，填实井筒，恢复地貌原状。对非法采矿者，要依法进行追究，决不能一罚了之，或者一炸了之。

要严格按照矿产资源开发规划办事。在制定规划时，要尽可能统筹兼顾，考虑周到；规划一旦确定，必须严格贯彻执行。矿山布局、资源配置等，要与落实科学发展观、实现可持续发展密切结合。

要创新矿业秩序整顿机制。要努力形成政府挂帅、国土资源部门牵头、部门联动的整治机制。各部门要依照分工，做好本职工作。比如，凡无采矿许可证者，电力部门不得供电，公安部门不得供应炸药，等等。同时，要进一步建立健全日常动态监督管理的长效机制，明确责任，分工到人，定期巡查，发现问题，及时解决，防止前整后乱。

要坚定信心，真抓实干，坚定不移地把矿业秩序整顿各项任务落到实处。要坚决克服那种“滥采乱挖已是绝症”的畏难情绪，以及“矿业整顿年年搞，年年都是老一套”的厌战情绪，提高认识，坚定必胜信心。总之，既要正视不利因素，更要看到有利条件。事实将会再次表明：我们的事业，前景无限光明。■（原载2005年第5期《河南国土资源》）

节约和集约用地一刻也放松不得

——写在第十五个全国“土地日”到来之际

□学　文

今年6月25日，是第十五个全国“土地日”。活动的主题是：“节约集约用地，促进科学发展”。

推进节约和集约用地在当前和今后一个时期重点抓什么？国务院在2004年10月21日颁发的《关于深化改革严格土地管理的决定》中明确指出：首先“建设用地要严格控制增量，积极盘活存量，把节约用地放在首位，重点在盘活存量上下工夫。新上项目首先要利用现有建设用地，严格控制占用耕地、林地、草原和湿地”。其次是对拟上的建设项目，“要按照集约用地的原则，调整有关厂区绿化率的规定，不得圈占土地建‘花园式工厂’。在开发区推广多层标准厂房”。此外是“今后，供地时要将土地用途、容积率等使用条件的约定写入土地合同。土地使用权人不按照约定条件使用土地的，要承担相应的违约责任”。

应该看到，强力推进节约和集约用地，这不仅是由我国的基本国情决定的，也是历史的必然选择，同时也是大有潜力可挖的。以河南省为例，如果将现有18个省辖市的人均用地由62.59平方米降到60平方米，就可以挖掘出土地潜力39.94平方公里；如果将现有各县城的人均用地由134.75平方米降为110平方米，就可以挖掘出土地潜力154.92平方公里。有资料表明，如果实行集约用地，即使集约用地的程度尚不很高，但对于全省来说仍有600平方公里（折合90万亩）的低效和闲置用地可以派上用场，这是十分可观的。

能否实行节约和集约用地，关键在于各级政府领导的重视和决心。领导重视，决心有了，措施落实了，一切问题均可迎刃而解。以河南省鹤壁市为例，从去年8月以来，该市在节约和集约用地方面接连出了“三招”，即：逾期未建的——依法收回；绿地过大的——立即“瘦身”；待批有误的——停止办证。一下子使全市894.8亩闲置和低效用地纳入了合理用地的轨道。其决心之大，行动之坚决，着实令人感动，充分显示了鹤壁市政府和国土资源部门领导同志的胆略和魄力，为河南省推进节约和集约用地留下了浓重的一笔。

推进节约和集约用地是个宏大的系统工程，它不仅是各级国土资源管理部门的事，同时也是包括计划、建设等部门的事，需要各个部门齐抓共管，进行“大合唱”。另外，节约和集约用地又是个过程，需要我们世世代代长期努力，常抓不懈。对此，人们应有十分清醒的认识。还应看到，虽然落实宏观调控政策，土地市场整顿已取得了明显成效，但严格管理的任务仍然艰巨繁重。在不少人头脑中，土地国情意识、节约集约用地意识尚未全面树立，扩张用地的冲动还很大，一些闲置、低效用地，债权债务复杂，开发成本高，给盘活存量、节约集约用地带来一些实际困难。因此，树立和落实科学发展观，下决心推进土地利用方式的根本转变，是一项十分重大而紧迫的任务，需要我们不懈努力。

让节约和集约用地之花，在中州大地处处盛开，光彩照人——这就是我们在第十五个全国“土地日”到来之际发自肺腑的期盼。■（原载2005年第6期《河南国土资源》）

节约集约用地需强力推进

——读鹤壁市《勇闯新路谱新篇》有感

□本刊评论员　一　兵

本期“经验交流”栏目发表了这样一篇文章《勇闯新路谱新篇》。读后，使人有耳目一新之感，有许多话涌上心头。我们不仅为该市千方百计节约用地的做法叫好，更为该市领导以惊人的气魄强力推进节约集约用地的胆略而称道。

人多地少，这是我国的基本国情。为了子孙后代的长远利益，为了落实科学发展观，实现可持续发展，我们必须大讲特讲节约集约用地。这是许多人都知道的道理。但鹤壁市的决策者们对此有着更深刻的认识，按照该市市委书记王训智的话，那就是：我们不仅要讲节约集约用地，而且还要强力推进节约集约用地，按照中央的说法，实行最严格的土地管理制度，决不能是想节约就节约，不想节约就不节约，而是必须强力推进，务必落实。

他们是这样说的，更是这样做的。为此，他们在严格执行国家有关土地法规和当地土地利用总体规划的同时，自觉从五个方面为节约集约用地加力，即：凡申报项目有水分的，严格标准“挤”出来；凡庭院、绿地过大的，通过“瘦身”“瘦”下来；凡逾期未建的，坚决依法收回来；凡受理中发现有误的项目，办证停下来；凡属低效用地的，应想方设法使其“高”起来。从而使2000余亩土地避免了浪费，得到了合理利用。在这里，我们不仅为鹤壁市人的节地胆略拍手叫好，同时也为他们从细微中一点一滴做起的方法深为钦佩。显而易见，如果各地都能像鹤壁一样，有这样的认识和行动，那么各地的浪费土地现象就再也难以看到了。

节约集约用地需强力推进，这是由一些地方的客观现实决定的。应当看到，现在一些地方的领导在节约用地方面的认识有不少的误区。有的错误认为讲节约用地就会妨碍当地经济发展；有的只是把节约用地挂在嘴上，说归说，做归做；有的则是对人是马列主义，对己是自由主义。总之，在这些人眼里，什么国家利益、子孙后代利益都可以不顾，而一味追求所谓的一时表面“政绩”，这是十分有害的。

说到底，节约集约用地需强力推进，这是落实党中央、国务院关于加强土地管理要求的需要。国务院在关于深化改革严格土地管理的决定中明确指出：“要强化节约和集约用地政策。”在这里，国务院文件中用的是“强化”二字。强化与强力是同义词。为什么要强化？显然是针对一些地方工作不力、不断造成土地浪费的弱化现象而言的。由此看来，我们所提倡的强力推进，是有其丰富的内涵的，并不是一般的空洞口号而已。

要做到强力推进节约用地，当前最重要的是要进一步认清我国人多地少这一基本国情，树立强烈的资源危机感和耕地保护的责任感，把自己的思想自觉统一到党中央、国务院的要求上来，并且付诸到行动中去。在这方面鹤壁人已为我们做出了有益的尝试；他们的胆略、他们的做法都是难能可贵的。我们衷心希望鹤壁人能够百尺竿头，更进一步；更希望节约用地之花在中州大地处处开放，春色满园。■（原载2005年第7期《河南国土资源》）

告别用地“陋习”

□本刊评论员　一　兵

近年来，全省各地在开展“三项整治”、挖掘存量建设用地潜力，换言之，在大力推进节约集约用地方面，进行了积极的探索，并取得了显著的成效。这是人们有目共睹的。事实表明，在全省大力推进节约集约用地，不仅顺党心、合民意，而且潜力和空间十分广阔。

然而，我们还必须看到，在一些市县仍存在着这样或那样的问题，需要引起注意并努力予以克服。

一是不注意研究政策，决策缺乏科学性。尽管国务院和省政府对土地审批的各种情况都做了非常明确的规定，但一些地方的领导就是不学习、不研究，一有项目就到处跑、到处找，既说不清这些项目该不该供地，该供多少地，更不去研究如何利用存量土地，一味强调所谓特殊性，甚至不讲程序，今天定项目明天就想开工。

二是不严格把关，一味迁就企业。尤其是对所谓的招商引资项目，无原则放宽条件，企业要多少地给多少地，要哪里就给哪里。至于企业的真正动机、项目科技含量，如何保障群众利益等，则全然不顾。有的被人家钻了空子，炒了地皮，还落了个“环境不好”的坏名声。

三是不在节约用地、盘活存量土地上下工夫，只在新增建设用地上做文章。一些地方，明明已批建设用地、批而未供、供而未用及其他闲置土地数量相当大，却不去想法积极利用，而是一味要求占用耕地，甚至还声称“土地制约了经济发展”，实在荒唐。

四是只强调批地，不自觉履行法定缴费义务。现在出现一种情况，有的县市光知道要地，不知道缴纳耕地补偿费，不过问闲置情况。有的省辖市欠耕地补偿费竟达1.4亿元，至于欠耕地补偿费上百万、千万的市县不是一两家。有的地方只强调批地，根本不想承担缴费的责任；有些地方借口欠费系前届政府所为，不去承担。

五是不严格审查项目用地是否符合工程项目用地标准，盲目顺从业主粗放用地。有的对用地单位的用地申请中的投资强度、容积率、建筑系数等不作仔细审查就上报，不分轻重缓急，不统筹考虑，不严格把关，致使土地效益低下，浪费惊人。

六是不按国家政策申报用地。一些地方仍然在迷恋大马路、大广场。有的“上有政策，下有对策”，违规利用批次批地，上一些国家明令禁止的项目，带来很大的后遗症。还有的甚至不知道批地需要依法审批，不知道按照法定程序实施。

七是忽视保护农民权益。在招商引资项目中，有的领导不是把注意力放在如何提高招商质量上，而是放在千方百计压低对农民的补偿价格上，以致补偿标准过低，且许多不能及时到位，引起群众不满，纷纷上访。这种典型的坑农行为完全背离了“三个代表”重要思想，社会影响极坏。

八是一些开发区不注意节约集约用地，土地利用效益低下，浪费严重。据统计，全省开发区10年平均每亩累计总产值4万多元，税收不足4000元，平均每年一亩地不到400元，还没有老百姓种地收益大。与沿海等先进省市相比，差距太大。一方面土地大量闲置，另一方面又盲目追求外延扩张，这在一些地方并不少见。

凡此种种表现，究其原因，或者是因对我国的国情不甚了解，没有资源危机意识；或者是因法律政策水平太低，站得不高，看得不远；或者是为了追求所谓的“政绩”，个人主义严重，动机不纯。其实质均与党和国家节约集约用地的方针背道而驰，均在必须克服之列。俗话说得好：不破不立。旧的用地陋习、旧的用地观念和旧的用地方式不破除，节约集约用地的新观念和新方式就立不起来。让我们方方面面齐努力，让节约集约用地的春风，吹遍神州大地，吹遍祖国的每一个城市、乡村。■（原载2005年第8期《河南国土资源》）

乡镇国土所建设要抓紧再抓紧

□本刊评论员　学　文

“我们县里成立了10个中心国土所。”

“我们这里的乡镇国土所体制上划到位了！”

近一个时期以来，此类消息不断传来。尽管消息各有侧重，但它告诉人们了一个基本事实：全省各地的乡镇国土资源管理体制改革正在紧张进行。这是令人十分欣慰的事。

俗话说得好：基础不牢，地动山摇。乡镇国土所是国土资源管理的最前沿，耕地保护、农宅管理等各项工作能否得到落实，说到底均离不开国土所。正因为如此，理顺乡镇国土所的管理体制，是本次国土资源系统体制改革的一项重要内容。曾经一个时期，人们对乡镇国土所建设中存在的问题议论比较多，比如乡所人员太多、违规收费、人员素质低等，其实根本原因是管理体制不顺。无数事实表明，只要体制一理顺，一切问题都会迎刃而解，正所谓“纲举目张”。

在如何加强国土资源所建设上，各地已有不少成功的经验。浚县国土资源局在乡镇国土所建设上，不等不靠，从2001年底就报请县政府批准，在全县10个乡镇中成立了5个国土资源中心所，同时，为每个中心所配备了车辆，建起了办公楼，进行了人员业务培训，建章立制，取得了良好效果。虞城县在乡所改革中为了做到既要保证改革顺利，又要保持社会稳定，采取了“县政府定编制、县国土资源局提条件、乡镇党委政府定人员”的方法，乡所人员由改革前的496人减为改革后的111人，没有出现任何不稳定现象，改革十分成功。事实表明，一些县（市）乡镇国土所的体制改革之所以进展比较快，成效比较好，无一不是同这些县（市）国土资源局领导的良好精神状态和开拓创新的思维方式分不开的。对此，我们应该去很好地总结、体会和推广。

毛泽东同志有句名言：“党委对主要工作不但一定要‘抓’，而且一定要‘抓紧’。什么东西只有抓得很紧，毫不放松，才能抓住。抓而不紧，等于不抓。”毫无疑问，乡镇国土所体制改革工作也是如此。我们不仅要抓，而且要紧抓不放，直到真正抓出成效来。

要抓紧，就得不等不靠，充分发挥主观能动性，主动向当地县（市）政府的领导汇报情况，传达上级有关文件精神，争取拿出好的实施方案来；就得充分相信和依靠各乡镇党委、政府，妥善做好人员分流安置工作，确保改革工作的顺利进行和社会稳定两不误。

当然，各县（市）乡镇国土所体制改革的进度不一样，所抓具体工作的内容也就会有所不同。在那些体制尚无理顺的地方，工作重点当然是尽快理顺体制；对那些体制已经完成的地方，则应把工作重点放在如何提高人员素质上来，切实抓好乡镇国土所人员的思想和业务素质教育，抓好科学文化知识学习。当然，也有一个乡镇国土所管理职能和管理方式转变问题。乡镇国土所决不能只停留在负责农民建房的宅基地审批上，要重视参与基本农田的保护、土地和矿产规划的实施以及执法检查，等等。总之，要通过乡镇国土所的体制改革，进一步夯实国土资源管理的基础，努力开创国土资源管理新局面。■（原载2005年第9期《河南国土资源》）

谱写国土资源宣传工作新篇章

□本刊评论员　学　文

“要全面提升国土资源宣传工作水平！”

这既是国土资源部党组发出的号召，同时也是广大国土资源干部职工和社会各界的强烈呼声。我们应积极响应，迅速行动，全面落实。

在当前，做好国土资源宣传工作意义十分重大。首先，它是树立和落实科学发展观、建设资源节约型社会的需要。无数事实说明，认识是行动的先导，只有认识提高了，行动才会更自觉。其次，是宣传国情国策国法、增强全社会资源忧患意识的需要。人口众多、人均资源相对不足、环境承载能力较弱，这是我国的基本国情。让广大群众增强资源忧患意识，是我们的一个永恒宣传主题。再次，也是认真履行参与宏观调控职责、全面推进国土资源工作的需要。随着国土资源部门职能发生变化，我们的工作任务将更加繁重，社会各界和广大群众将会更加关注，我们要通过宣传先行、舆论先行，让社会更加了解、理解，从而更加支持、关心国土资源工作。总之，进一步加强国土资源宣传工作，是我国国情的要求，是事业发展的要求，更是时代进步的要求。

值得注意的是，现在一些地方的领导对此仍存在一些糊涂认识。比较突出的是，“重干轻说（宣传）”现象较普遍。他们说什么“只要工作做好了，宣传不宣传无关紧要”，殊不知，不重视宣传，没有广大群众的参与，是很难做好国土资源管理工作的。还有的错误认为，做宣传就是“不谦虚”，不重视提升本部门的整体形象。更有甚者，借口“经济困难”，连一些必要的报刊也很少订阅。如此等等，均在必须克服之列。

国土资源宣传抓什么？显然，就结构而言，我们必须十分重视国情国法国策的宣传，同时，也要抓好国土资源管理工作的宣传。在具体内容上，必须紧紧围绕党和国家的中心工作，主动全面展开。当前，要十分重视宣传贯彻党的十六届五中全会精神，宣传贯彻党中央、国务院关于国土资源工作的一系列政策和工作部署，同时做好日常宣传，努力推进运用土地政策参与宏观调控、建设节约型社会的伟大任务的完成。

做好国土资源宣传工作，是一个系统工程，需要方方面面和上上下下的共同努力。当前，我们要按照中央领导的指示和部领导的要求，增强做好这项工作的责任感和紧迫感，用时代的要求来审视国土资源宣传工作，用发展的眼光来研究国土资源宣传工作，用改革的精神来推动国土资源宣传工作，在继承中创新，在巩固中发展，在改进中提高。为此目的，我们要加强规划，精心策划；统一协调，上下联动；充实力量，加大投入。总之，我们要牢记使命，不负众托，奋发进取，努力谱写国土资源宣传工作的新篇章。■（原载2005年第10期《河南国土资源》）

注意抓紧年度责任目标的落实

□本刊评论员　学　文

光阴似箭，日月如梭。不知不觉，挂在墙上的日历已翻到了2005年11月。再过一个月，我们将迈入新的征程——2006年。

此时此刻，我们想提醒诸位：你的2005年各项责任目标，是否已经落实、兑现？如果已经兑现了，能否搞得更好一点？如有不足，何不抓紧仅有的一个月加以完善呢？简言之，就是要抓紧时间检查一下，看看所在单位（部门）与上级单位（部门）、个人与组织之间所签订的年度责任目标的内容及落实情况。否则，将时不我待。

显而易见，全面完成年度责任目标是件很光荣的事。它既是任务所系，更是责任所使。我们国家的兴盛，我们国土资源事业的兴旺，正是由于无数单位、部门的劳动及工作成果累积起来的，切不要以为一个单位完成完不成任务算不了什么，那可是一件很严肃的事。

当然，在对照检查中既要全面检查，更要抓住重点，即主要任务目标是否完成，是否落实，尤其是对那些距离责任目标仍有较大差距的单位更是如此。此外，既要注意看一看一些“硬”目标是否完成，也要注意看一看某些所谓的“软”目标是否兑现。一个单位如此，一个科室如此，即使是对个人而言也是如此。总之，要全面对照检查，缺一不可。

毛泽东他老人家有句名言说得好：“党委对主要工作不但一定要‘抓’，而且一定要‘抓紧’。什么东西只有抓得很紧，毫不放松，才能抓住。抓而不紧，等于不抓。伸着巴掌，当然什么也抓不住。就是把手握起来，但是不握紧，样子像抓，还是抓不住东西。我们有些同志，也抓主要工作，但是抓而不紧，所以工作还是不能抓好。不抓不行，抓而不紧也不行”。那么抓紧怎么个抓法？一些单位采取的诸如明确专人、明确方法、限时限量，并且辅之以必要的人、财、物保障措施的方法，应该说是明智的选择。我们深信，对存在的差距只要能真正做到抓住不放，就一定能抓出效果来。

此外，在回顾历史时，还应该注意着眼于未来。比如，在新的一年中如何切实加强耕地保护，如何强力推进节约集约用地；如何进一步开展矿业秩序整顿和规范工作；如何按照部、省要求，进一步“理顺体制，提高素质”。如此等等，如能较早予以思考，相信对制订明年的计划和安排必将有益。

东晋大诗人陶渊明曾说过：“盛年不重来，一日难再晨。及时当勉励，岁月不待人。”让我们牢牢记住这其中的含义吧，紧紧抓住2005年尚有的一个多月时间，把国土资源管理的各项任务一一落到实处，力争向党和人民交出一张满意的答卷。■（原载2005年第11期《河南国土资源》）

要让乡镇国土资源所靓起来

□本刊评论员　学　文

日前，记者在豫东夏邑县采访，询问当地国土资源局的一位负责同志：“你们在忙些什么？”这位负责人说：“年终了，事比较多，但最忙的还是乡镇国土资源所的事，一句话，就是想方设法使乡镇国土资源所靓起来。”

当问及如何使乡镇国土资源所靓起来时，这位负责人扳着手指头，讲了六件事。

一是抓培训。由于上划人员对有关法律法规、知识了解程度不一，业务熟悉程度不同，尤其对上级一些最新精神知之较少，因此急需通过岗前培训加以提高，以期尽快适应工作需要。

二是建规章。通过明确职责，建章立制，迅速将各乡镇国土资源所的工作纳入规范管理轨道。

三是选“头头”。“政治路线决定之后，干部就是决定的因素。”一个乡镇所的情况也是这样，高素质的所长往往决定着这个所各项任务完成得好坏。因此，他们拟采取竞争上岗、优中选优的方法来解决。

四是搞“对接”。就是明确机关各股室与各乡所的业务联系，明确县局各领导的具体分工，上下左右实现清晰“对接”，尽快融为一体。

五是找房子。该县从实际情况出发，为每个所配上了三到四间办公用房，同时配齐了相应的办公桌椅等用具，并将有关制度整理上墙，正正规规地在门口挂上了乡镇国土资源所的大牌子。

六是配车子。这位负责人称，为了适应工作需要，县局将从有限财力出发，逐步为各乡镇国土资源所配上摩托车或小面包车。一句话，逐步改善交通条件。

值得注意的是，在豫西、豫北等地的不少县（市）国土资源局，人们也在忙碌着这些事。尽管各地内容有所侧重，说法也不一，但其实质都一样：从“软”、“硬”两方面为基层国土资源所添砖加瓦，努力使乡镇国土资源所尽快有效运转起来、靓起来。

“让乡镇国土资源所靓起来”。这是当前摆在各县（市）国土资源局面前的一个十分重要的任务。众所周知，乡镇国土资源所是全国国土资源系统管理的最前沿阵地，是各项工作部署具体落实的依靠。乡所的基础设施、办公条件，特别是人员素质，事关大局，万万忽视不得。正因为如此，我们为夏邑等县（市）局积极加强乡镇国土资源所建设的行动叫好，并祝他们一路走好。

“让乡镇国土资源所靓起来”，这既是客观现实的需要，更是伟大时代的呼唤。让我们心往一块想，劲往一块使，从各个方面细心描绘国土资源事业的美好明天！■（原载2005年第12期《河南国土资源》）

服务新农村建设大有可为

□本刊评论员　学　文

本期杂志刊登了这样一篇文章——《在希望的田野上——罗山县围绕“小康村”建设进行“三项整治”纪略》。细读之后，犹如春风扑面，令人不能不说上一句：罗山人，干得好！

温家宝总理在前不久中央召开的农村工作会议上指出：“党的十六届五中全会提出了推进社会主义新农村建设的任务，具有重大的历史意义和现实意义。”“各地区各部门尤其是基础产业和公共服务部门，要更多地关注和支持农村，把工作重心逐步地转向农村，把掌握的资源更多地投向农村。”显而易见，罗山县国土资源局目前的做法，正是较好地体现了这一精神。从这一点讲，罗山人有眼光、有胆识、有水平，很有借鉴意义。

应该看到，国土资源部门积极参加社会主义新农村建设是大有作为的。首先，土地、矿产，尤其是耕地，与“三农”工作有着天然的联系。耕地是农民的生产资料，同时承担着重要的社会保障功能，对农民生产生活至关重要。因此，建设社会主义新农村，必须实行最严格的土地管理制度。其次，在全省大规模开展“空心村”等村庄治理活动，对于改善农民居住条件、村容村貌，提高生活质量，有着重要的现实意义。再次，国土资源部门开展的以田、水、路、林、村综合整治为主要内容的土地开发整理，对于改善农业生产条件，提高土地的综合生产能力，确保粮食安全至关重要。最后，在广大山区农村开展的地质灾害群测群防，对新村选址的地质灾害评估，以及大量的农业地质调查，也离不开国土资源部门。大量事实说明，新农村建设与国土资源部门的工作密切相关，须臾不能分开。对此，我们应有十分清醒的认识。

其实，像罗山县这样，将国土资源工作自觉服从服务于“小康村”建设大局的县（市），在我省还有不少。济源市国土资源局一年多来通过努力，目前该市已有112个行政村开展了以“空心村”治理为重点的“三项整治”工作，整治面积达2666.7公顷，成效十分显著。许昌、漯河等地以“空心村”治理为重点的“三项整治”工作搞得热火朝天，有力地促进了当地的新农村建设，得到了社会各界的一致好评。

放眼未来，我国的社会主义新农村前程似锦。这是党中央从我国国情和社会主义新农村建设的全局出发，顺应党心民心做出的重大战略部署，符合经济社会发展的客观规律，符合我国农村实际。认清形势，服务大局，是国土资源部门的应有选择。为了社会主义新农村建设这一宏伟目标，让我们共同努力吧！■（原载2006年第2期《河南国土资源》）

整治黏土砖瓦窑厂须强力推进

□本刊评论员 学 文

一个时期以来，全省各地按照河南省政府的统一部署，紧锣密鼓，充分运用各种宣传媒体，在大力宣传治理整顿实心黏土砖瓦窑厂方面做了大量工作，在社会上形成了良好的舆论氛围。与此同时，各地国土资源部门通过调查摸底，全省黏土砖瓦窑厂的底数得以彻底摸清。此外，各地普遍制订了分期关闭计划。目前，各地止分批公告下达关闭企业名单。总之，全省治理整顿实心黏土砖瓦窑厂已进入攻坚阶段。

行动力度的大小决定于对事物本身的认识程度。应该看到，治理整顿黏土砖瓦窑厂可以有效减少土地资源的浪费。我省是全国人口第一大省，但耕地较少，人均耕地面积大大低于全国平均水平，而且开发利用程度高，后备资源严重不足。我省又是农业大省，不仅要解决本省近1亿人口的吃饭问题，还承担着维护全国粮食生产安全的重要任务。我省又是发展中的大省，每年需要生产大量的砖瓦供城乡建筑使用。据统计，目前，全省正在生产的实心黏土砖瓦窑厂有5300个，占地约18万亩，占用耕地9万亩，其中基本农田1.3万亩。2004年生产290亿标块实心黏土砖，吃土毁田4.78万亩。这是其一。其二，治理整顿黏土砖瓦窑厂可以有效节约能源。黏土砖瓦窑厂生产设备简单，工艺落后，产品附加值低，单位能耗所产生的效益很低，能源浪费严重。全省每年烧制实心黏土砖消耗400余万吨标准煤。其三，治理整顿黏土砖瓦窑厂可以有效地减少环境污染。黏土砖瓦窑厂生产排出的有害气体及粉尘，严重污染大气，影响生态环境，导致周围农作物产量减少，品质下降，给广大群众身体健康带来很大危害。

事实表明，以新型建筑材料代替黏土实心砖，不仅是必要的，也是完全可能的。首先，我省有可替代的原料用以生产新型墙体材料。全省煤矸石现有存量约1.8亿万吨，每年还新增排放量约1000万吨。我省目前发电装机已达2800万千瓦，每年要排放大量的粉煤灰，现有存量约1.2亿万吨，每年新增2200万吨。这些都没有得到有效利用。另外，我省各地还有大量的河沙、淤泥、页岩及建筑垃圾，这些都可能成为代替实心黏土砖的新型墙体材料。其次，我省新型墙体材料生产企业已有一定规模，有较大的生产能力。据统计，目前我省新型墙材生产企业已有572家，生产能力达到100亿块标砖，超过建筑用砖总量的四分之一。因此，对治理整顿黏土砖瓦窑厂，大家一定要认识到位，坚定信心。

战斗已经打响，曙光就在前面。只要我们按照省政府的统一部署，团结一致，严格执法，扎实工作，全省2006年关闭实心黏土砖瓦窑厂2451个，2007年关闭实心黏土砖瓦窑厂873个的任务就一定能够完成。让我们为此共同努力。■（原载2006年第3期《河南国土资源》）

谱写支持新农村建设的动人篇章

□本刊评论员　学　文

国土资源部门应如何支持社会主义新农村建设?

一个时期以来，人们对此比较关心，议论较多。日前，国土资源部在认真听取各方意见的基础上，集中广大干部群众智慧，对此做出了明确规定，并向全国国土资源系统发出了通知。我们应该认真学习，深刻领会，并尽快付诸实施。

值得注意的是，国土资源部所发《关于坚持依法依规管理节约集约用地支持社会主义新农村建设的通知》，将国土资源部门支持新农村建设的主要内容归纳为六个方面：

其一，加强农村用地规划和管理，大力推进节约集约用地；

其二，严格保护耕地特别是基本农田，提高粮食生产能力；

其三，积极推进土地整理，切实征收和用好土地收益；

其四，严格征地管理，维护被征地农民的合法权益；

其五，加强农村地质灾害和预防，保护农民生命财产安全；

其六，深入开展“完善体制、提高素质”活动，提高支持新农村建设的能力和水平。

显而易见，这六条中前五条讲的是国土资源部门支持新农村建设的具体内容，后一条讲的是国土资源部门做好支持新农村建设的组织保障措施。每一条讲得都很实在，完全符合实际，符合民意。只要我们认真照着去做，人们完全可以深信，各地国土资源管理工作必将跨上一个新的台阶。

应该看到，国土资源部门支持社会主义新农村建设责任十分重大，需要做的工作甚多。目前，比较紧迫的是，必须快速启动开展农村用地规划。由于种种原因，我们过去对城镇土地利用规划比较重视，且已完成了两轮，而对农村土地利用规划相对有所忽视，这种局面再也不能继续下去了。我们应迅速行动起来，先期介入各地的新农村建设各项相关规划，争取主动，加强协调，确保村庄和集镇等规划与土地利用总体规划相衔接。此外，需要高度警惕的是，要坚决防止一些地方打着建设新农村的旗号盲目圈占、违法批占土地，特别是农用地。所有用地都要严格按照有关法律法规的要求及程序办理，不能忘乎所以。还要特别注意的是将国土资源部门开展的土地整理工作与新农村建设密切配合，按照新农村建设的总体目标要求，进一步推进田、水、路、林、村综合整治，努力提高耕地质量、增加有效耕地面积、增强耕地排灌能力、改善农业生产条件和生态环境。

“一树春风千万枝，嫩于金色软于丝”。如今，放眼神州大地，处处春光明媚，花儿飘香。让我们共同努力，辛勤耕耘，在希望的田野上，谱写出一曲国土资源部门大力支持社会主义新农村建设的动人之歌。■

（原载2006年第4期《河南国土资源》）

决不允许“违法用地”现象抬头

□本刊评论员　学　文

当前，总的来看，我省各地自觉依法合理用地、节约集约用地已蔚然成风，形势之好，是历史上所少见的。但是，也必须看到，个别地方也出现了一些诸如在不符合土地利用总体规划的情况下擅自向开发商承诺提供大片土地进行成片开发等违法用地现象。针对上述情况，河南省委办公厅、省政府办公厅日前联合发文，要求各地依法合理用地，大力推进土地利用方式的转变，坚决纠正违法用地现象。对此，我们应认真领会“两办”文件精神实质，狠抓贯彻落实。

坚持依法合理用地，首先必须转变观念。应该看到，河南是人口大省，人均土地占有量低于全国平均水平。科学合理地利用好土地资源，对于我省全面建设小康社会、实现中原崛起、促进经济社会可持续发展，具有非常重要的意义。因此，我们一定要进一步转变观念，切实增强法律意识和依法合理利用土地的责任感与紧迫感，本着对人民负责、对历史负责的精神，正确处理好加快经济发展与保护土地资源的关系，坚持把依法合理用地、节约集约用地贯穿到经济社会的始终，走符合河南省情的新型工业化、城镇化道路，用实际行动贯彻落实科学发展观。

为此，当前各地要注意抓好以下几件事：

一是加强土地规划管理，合理利用土地资源。要严格执行土地利用总体规划，不得擅自修改规划和擅自突破规划占地。要坚持按项目供地，不搞无具体项目的土地成片开发。用地项目要符合国家法律法规、符合国家产业政策、符合土地利用规划和计划、符合节约集约用地原则，重点支持那些用地少、污染小、能耗低、技术含量高的项目。

二是严格建设用地审批，切实强化监督管理。认真执行建设项目用地控制目标，减少企业非生产性用地，严禁建设“花园式”企业。按照布局集中、用地集约、产业聚集的原则，在工业集聚区和开发区加快推广使用多层标准厂房，改善土地利用结构，提高土地使用效益。

三是规范和完善土地市场，确保市场秩序稳定。坚持土地一级市场由政府垄断的原则，不准成片出让给开发商。凡无合法立项手续的，坚决不予批地。进一步加强土地市场管理，严格执行经营性用地招标挂牌出让制度，严防低价出让国有土地使用权的行为，任何单位和个人不得以任何名义减免土地出让金。

四是严格执行土地管理法律法规，及时纠正和处理土地管理使用中存在的问题。各地要对土地市场治理整顿以来的建设用地情况进行一次全面清查，重点是“以租代征”，擅自改变土地用途等违法行为。总之，既要查处土地违法行为，又要查处违法责任人，决不能不了了之。

五是加强征地补偿工作，保障人民群众的合法权益。要尽快完成全省征地区片综合地价的制定工作，适当提高征地补偿标准，合理确定征地补偿分配结构，健全征地补偿费监督管理机制，切实保障被征地农民的合法权益。

坚持依法合理用地，坚决打击各种“违法用地”行为。这既是时代的要求，更是人民的呼声。让我们全省每一个国土资源工作者都积极行动起来，用我们的辛勤和智慧，齐心谱写中州大地节约集约用地的新篇章。■（原载2006年第5期《河南国土资源》）

依法合理用地　绝不能动摇

——写在我国第十六个“土地日”到来之际

□本刊评论员　学　文

一年一度的全国“土地日”即将来到。国土资源部将今年的“土地日”宣传主题确定为：依法合理用地，促进科学发展。

怎样理解和把握这一宣传主题呢？显而易见，第一，今年是《土地管理法》颁布20周年，主题应当体现依法管理土地；第二，我国人多地少，人均资源有限，这个国情和“十分珍惜利用土地，切实保护耕地”的基本国策是永恒的宣传主题，全国的“土地日”的主题要体现这一点；第三，落实科学发展观，建设资源节约型社会，构建和谐社会是我们面临的新形势和新任务。但是，当前还存在乱占乱用、违法用地的现象，要制止这些违法行为，全社会都要增强依法用地的意识。今年“土地日”的宣传主题正是切合了上述要求。

值得注意的是，近来《中国国土资源报》上刊载了两条重要消息。一是5月29日，监察部和国土资源部联合在京召开了土地违法案件联合调查动员会。监察部副部长陈昌智在会上强调，要以高度的政治责任感，查处一批典型案件，严查追究一批人的责任，确保中央政令畅通。二是5月30日，国土资源部出台了《关于当前进一步从严土地管理的紧急通知》，要求各地认真贯彻国务院关于抑制一些行业和各地区固定资产投资过快增长的要求，促进国民经济平稳运行，进一步落实《国务院关于深化改革严格土地管理的决定》，遏制一些地方违法违规占用土地行为，充分发挥土地供应的调控作用。显然，这两则消息为今年“土地日”的宣传发出了一个明显的信号，并强调了一个重要观点：必须依法依规合理用地。

要做到依法依规合理用地，当前，我们应自觉做好五件事，即：一、不得违反土地利用总体规划和年度计划用地；二、从严审批各类非农建设用地；三、确保房地产调控土地政策落到实处；四、严格查处违法违规用地；五、继续深入开展“完善体制、提高素质”活动。总之，要抓住重点，狠抓落实，确保将有关法律法规落到实处。

依法合理用地绝不能动摇。这既是党和人民对我们国土资源工作者的要求，又是我们在依法管地中必须坚持的原则。让我们牢牢记住这一点，并将其付诸实践之中。■（原载2006年第6期《河南国土资源》）

“决不能放着大门不走乱翻墙！”

——从省国土资源厅公开曝光六起土地违法案件谈起

□本刊评论员　学　文

应该看到，目前一些地方土地违法现象比较严重，有的地方土地违法率竟达70%以上。这不能不引起人们的高度注意。为了坚决遏制这种现象的再度发生，按照国土资源部和河南省政府的要求，近日省国土资源厅在媒体上公开曝光了焦作市高新技术开发区管委会非法批准河南工程技术学校占地等六起土地违法案件。与此同时，大多数省辖市也公开曝光了一批土地违法案件。全省已形成了严肃法纪、坚决查处土地违法案件的良好态势。

认真分析这些已曝光案件的特点及形成原因，对擦亮人们的眼睛，防范土地违法现象的发生十分有益。仅从河南省国土资源厅曝光的这六起案件看，有四起属于县区政府非法批地，一起属于单位越权管地，一起属于村委会非法占地。显然，县区政府非法批地成了一些地方土地违法的主导。

实际上，上述情况并非个别，在其他地方也大量存在。事实表明，一些地方基层政府的领导成了土地违法的主导，与土地违法梯度西进、土地违法手段与方法呈现多样化，共同构成了当今我国土地违法的三大特点。对此，我们应予以高度重视。

那么，人们不禁要问：一些地方基层政府的领导为什么会成为土地违法的主导呢？究其原因，一位权威人士认为大体有三个方面的原因，笔者认为其分析是十分深刻的。

一是一些地方的领导干部依法行政的观念和意识不强。他们往往法制观念淡薄，习惯于“长官意志”和“拍脑袋办事”。有的则片面强调地方利益，在用地问题上“先斩后奏”甚至“斩而不奏”；一些干部对违法用地危害性认识不足，总觉得都是为了发展经济，有意无意地默许甚至支持违法用地。有的案件在土地市场治理整顿期间已经处理过，但由于没有抓住机遇纠正问题，该完善的手续没完善，该消化的矛盾没消化，以致形成日后的被动局面。

二是对依法合理用地的政策和办法研究得不透。近几年，为了缓解用地压力，河南省先后提出了“三项整治”、盘活存量、兴建标准厂房、“两调整一挂钩”等多项措施，对于解决用地“瓶颈”、保障经济发展起到了重要作用。但是在一些地方却没能引起足够重视，一些干部不是主动去学习和研究政策，在用足用活政策、提高操作水平上想办法，而是寄希望于规避法律和政策，致使问题越来越多。

三是对土地违法行为的查处力度不够。目前，由于相当一部分土地违法行为都与基层政府有关，一些地方国土资源部门不敢制止、不敢查处、不敢上报，往往大事化小、小事化了，有的甚至压案不查或拖案不结，人为造成了“违法占地成本低、依法用地成本高”的不正常现象，在一定程度上助长了非法批地、占地现象的泛滥。

由于上述原因的存在，一些地方土地违法现象不断发生。显而易见，国土资源部近来接连发出有关紧急通知，正是出于遏制一些地方土地违法势头的考虑。经验证明，不抓住几个典型案件严肃查处，不对有关责任人严肃法纪，就不能给那些“放着大门不走乱翻墙”的人们一个教训，也就不可能从根本上制止住土地违法现象的发生。

目前，全省坚决查处土地违法案件的战鼓已经擂响，大幕已经拉开，让我们进一步把思想认识统一到国务院和省委、省政府领导同志的认识上来，统一到国家有关法律法规的要求上来，为了千秋后代，坚决打好查处土地违法案件这一仗。■（原载2006年第7期《河南国土资源》）

切莫把“闸门”当成“瓶颈”

□本刊评论员　学　文

众所周知，从2004年上半年开始，党中央为了落实科学发展观，保证国民经济健康可持续发展，将土地管理与信贷管理一并列为国家宏观调控的重要手段，并被形象地比喻为“土地闸门”。

何为“闸门”？《现代汉语词典》的注释是：“水闸或管道上调节流量的门。”当前，“土地闸门”的任务是什么？显然，就是围绕国家的发展战略规划和产业政策，依法依规管好土地，保障国家经济建设用地需要。然而现实情况是，“土地闸门”面临的压力和困境甚大，需要引起社会各方面的关注。

值得注意的是，一些地方的个别领导同志对国土资源部门承担“土地闸门”的重任不理解，对党和国家的方针政策、法律法规不学习，对宏观经济形势不研究，却错误地认为“只要是为发展冒险不可怕”、“只要群众不告状就没事”、“只要研究时不表态就没责任”，等等，甚至把“土地闸门”当成了制约经济发展的“瓶颈”。个别地方的领导片面理解“发展”理念，盲目建设用地的冲动很大，乱占滥批土地的现象不断发生。同时，又严重侵害被征地农民的合法权益，严重影响着当地社会稳定。这些都是十分危险和有害的。

应当看到，严把“土地闸门”并不是不供地，而是要看地供得科学不科学、合理不合理，是否做到了依法依规用地。拿投资和项目来说，对国家严格控制的项目，要严把准入门槛；而对于符合产业政策、技术含量高、成长性强、效益好，同时又是环保型、低成本的企业和项目，不但要积极地引进来，还要给予大力支持。一句话，“土地闸门”对符合落实科学发展观的项目不仅不限制，而且从来就是大开绿灯的。这正如纪律往往是约束那些不讲纪律的人一样。

为了严把“土地闸门”，将国家宏观调控措施落实到位，当前各地应注意做好三件事。其一，要调整利益机制。比如，要提高征地成本，将被征地农民的社会保障费用纳入征地补偿安置费，要规范土地出让收支管理，要提高新增建设用地有偿使用费缴纳标准，要制定并公布各地工业用地最低价标准，等等。其二，要完善责任制度。要明确各级政府主要负责人为当地土地管理和耕地保护负总责，不能搞“以租代征”。要实行问责制，明确考核依据，按照权责一致的原则，调整城市建设用地审批方式。其三，要健全法律机制，严格依法按规划办事。

要严把“土地闸门”，就要自觉同那些违法批地、占地的人和事作坚决的斗争。近期，要特别注意查处那些非法批地、未批先用、批少用多、非法低价出让国有土地使用权等土地违法案件，并且要一查到底，决不姑息，以维护国家法律法规的尊严。

“两岸猿声啼不住，轻舟已过万重山”。我们深信，只要各级国土资源部门充分认清自己肩上担负的重任，开拓创新，勇于负责，就一定能当好让党和人民放心的合格国土卫士。■（原载2006年第8期《河南国土资源》）

为中原崛起提供矿产资源保障

——热烈祝贺河南省地质工作会议胜利闭幕

□本刊评论员　袁可林

全省广大地质工作者倍加关注的河南省地质工作会议于2006年8月4日下午在郑州黄河迎宾馆胜利闭幕。这是近年来，由省人民政府召开的，各省辖市市长、省直各部门负责人参加的一次重要会议。参加会议人员规格之高、研究事项之重要、各方反映意见之好，在我省历史上是少见的。我们谨向这次会议的胜利召开表示热烈的祝贺！

地质工作是经济社会发展重要的先行性、基础性工作，服务于经济社会的各个方面。新中国成立以来，在国家的支持下，我省的地质工作取得了巨大成绩。以地质工作和矿产资源开发为基础，全省相继出现了平顶山、焦作、中原油田、上街等一批重要资源、原材料生产基地，培育了煤炭、电力、有色、建材、化工等优势产业，支撑了全省经济的快步增长。但是，我省地质工作由于存在着体制不顺、机制不活、保障不够、功能不强和人力缺乏等问题，特别是矿产资源勘查工作滞后，重要矿产可采储量下降，矿产资源的瓶颈问题日益突出。大量事实表明，加强地质工作已到了刻不容缓的地步。

我们高兴地看到，在这次会议上，省政府隆重表彰了“十五”期间全省地质工作先进集体和先进个人，公布了《河南省人民政府贯彻国务院关于加强地质工作决定的意见》，研究和部署了当前和今后一个时期的全省地质工作目标、任务和措施。认真学习宣传贯彻这次会议精神，对于开创河南省地质工作新局面至关重要。

贯彻好这次会议精神，首先是要加大宣传力度。我们要以这次会议为契机，广泛宣传国务院的《决定》和省政府的《贯彻意见》，宣传会议的基本精神，宣传我省地质工作取得的丰硕成果，宣传地质工作者的“三光荣”优良传统，形成全社会关心和支持地质工作的良好氛围，为加快河南地质工作发展创造良好的外部环境。

其次，要迅速落实有关加强地质工作的各项措施。要科学编制全省地质勘查规划，进一步明确地质勘查的发展目标、重点任务和保障措施，引导地质勘查资源合理配置。要抓紧制订促进我省地质工作发展的有关政策措施，并注意增强针对性、科学性和可操作性。要切实加强地质勘查行业管理，积极引导全行业健康发展。要进一步整顿和规范矿产资源勘查开发秩序，为全省地质工作大发展奠定坚实的基础。

再次，要切实加强地质勘查队伍建设。加强地质工作、实现找矿新突破，必须紧紧依靠广大地质工作者。要通过深化地质勘查体制改革，鼓励各地勘单位主动融入经济社会，为国民经济提供全方位的地质工作服务；要发挥各地勘单位找矿专业优势，充分调动广大地质工作者找矿的积极性和创造性；要多找矿、找大矿、找富矿，努力实现地质找矿新突破，让更多的宝贵资源造福全省、全国人民。

“一树春风千万枝，嫩于金色软于丝”。目前，地质工作已经进入了新的发展时期，让我们抓住机遇，奋力开拓，迎接河南地质工作更加美好的明天！■（原载2006年增刊《河南国土资源》）

严把土地“闸门”，让我们同行！

□本刊评论员　学　文

日前，国务院下发了《国务院关于加强土地调控有关问题的通知》。这是新一届中央领导集体用科学发展观统领全局、加强和改善宏观调控采取的又一重要举措。对此，我们一定要认真学习领会，坚决贯彻落实。

土地是民生之本、发展之基、财富之母，也是宏观调控的重要手段。加强土地管理和调控工作，是保持宏观经济平稳运行的迫切需要，是保障经济社会可持续发展的战略举措，也是维护国家长治久安的必然要求。近年来，全省各地认真贯彻落实党中央、国务院的一系列决策部署，在严格土地管理方面做了大量工作，并取得了显著成效。

但也必须看到，在土地管理和调控等方面还存在一些不容忽视的问题，主要是：一些地方依法依规用地的氛围还没有完全形成；有的地方用地粗放、大手大脚现象尚比较普遍；不少地方违法违规批地用地的现象大量存在。尤其严重的是，一些市、县、乡政府领导为了招商引资，不惜低价出让国有土地，违规批地、违法占地。还有的地方政府和用地单位为了规避用地审批中征收的各种税费，擅自以租用农民集体土地的形式，将集体农用地直接用于非农建设。有的则借招拍挂之名，行违规出让土地之实。如此等等，都需要我们在今后的工作中加以克服。

学习贯彻国务院《通知》精神，我们一定要深刻理解其精神实质，按照党中央、国务院新的要求，努力做到“四个更加”，即：土地管理要更加主动参与宏观调控，要准确把握宏观经济形势，注意与区域、产业发展政策的协调，坚持依法依规按程序办事；土地管理和调控要更加注重运用经济和技术手段，实践表明，要切实管住管好土地，行政手段包括审批是必要的，但仅靠审批是不够的，还必须综合运用经济、法律和技术手段；土地管理和调控要更加注重依法监督管理，要按照国务院的要求，进一步转变观念、转变职能、转变方式，要从注重事前审批向强化事后监督转变；土地管理和调控更加注重部门之间的协调配合，无数的事实表明，土地政策只有与产业政策、货币政策、财政政策等综合运用，才能真正取得实效。

总之，严把土地“闸门”，这既是党中央、国务院赋予国土资源部门的神圣职责，也是广大人民群众的殷切希望。我们一定要十分珍惜党和人民的信任，积极主动加强土地管理和调控工作。要以贯彻落实国务院土地调控的政策措施为契机，在省委、省政府的领导下，与各级政府和部门一道，深化土地管理改革，严把土地“闸门”，促进国民经济平稳较快协调发展，更好地为全面建设小康社会、促进中原崛起服好务。

■（原载2006年第9期《河南国土资源》）

为构建和谐社会尽心尽力

□本刊评论员 学 文

在刚刚闭幕的十六届六中全会上，党中央从中国特色社会主义事业总体布局和全面建设小康社会全局出发，作出了《关于构建社会主义和谐社会若干重大问题的决定》。这是对构建社会主义和谐社会具有重大指导意义的纲领性文件，反映了建设富强民主文明和谐的社会主义现代化国家的内在要求，体现了全党各族人民的共同愿望。对此，我们要认真学习、深刻领会、全面贯彻《决定》精神，抓住机遇，应对挑战，为构建社会主义和谐社会尽心尽力。

当前，我们首要的就是要认真学习好《决定》精神。认清构建社会主义和谐社会的性质和地位，明确构建社会主义和谐社会的指导思想、目标任务、工作原则和重大部署。一句话，要深刻认识到建设社会主义和谐社会的重大历史意义和现实意义，提高行动的自觉性。

要以高度的责任意识和使命感，认真履行好党和国家赋予的依法保护资源的职能，积极参与国家宏观经济调控，严把土地“闸门”。要以科学发展观统领全局，按照民主法治、公平正义、诚信友爱、充满活力、安定有序、人与自然和谐相处的总要求，切实解决好被征地农民的经济补偿和生活就业问题，切实服务新农村建设和防治地质灾害等各项工作。

要进一步做好国土资源部门与兄弟部门及相关单位的协调工作。无数事实说明，做好国土资源工作，需要同发改委、建设、交通及纪律监察等多部门共同努力。仅靠国土资源部门自身的力量是不够的。正所谓，团结才能出成绩，协调才能增效益。

加强机关建设，搞好机关内部的协调至关重要。在这方面，我们有许多的工作要做。当前，要特别注意处理好五个关系，努力实现五个统一，即：一是要把改善办公条件与建设四型机关有机统一起来，力争使每位干部职工都成为讲学习、讲政治、讲正气的模范；二是要把构建和谐团队与严格执行纪律统一起来，要使大家认识到，大家在一个单位工作，就应该像兄弟姐妹一样，互帮互助，共同进步；三是要把坚持以人为本与发扬艰苦奋斗精神有机统一起来；四是要把忠实履行职责与依靠科技进步有机统一起来；五是要把切实保护资源与努力保障发展有机统一起来。总之，要以我们自身出色的工作，力争向党和人民交出一份满意的答卷。

新的时期，新的使命。让我们团结一致，与时俱进，不断创新，在构建社会主义和谐社会的伟大事业中尽心尽力，建功立业！■（原载2006年第10期《河南国土资源》）

抓住重点　深刻领会好文件精神

□本刊评论员　学　文

《国务院关于加强土地调控有关问题的通知》(以下简称《通知》)，是中央进一步落实科发展观，加强和改善宏观调控，促进经济社会可持续发展的一项重大决策。为把《通知》精神落到实处，河南省人民政府日前下发了《贯彻国务院关于加强土地调控有关问题通知的意见》（以下简称《意见》）。这是进一步加强全省土地调控，把中央有关文件政策落实到位，保证河南宏观经济的平稳运行，促进经济社会更快更好发展的纲领性文件，我们应认真学习、深刻领会，坚决贯彻落实。

学习、贯彻省政府《意见》精神，笔者认为，应注意“抓住一个重点、明确六个方面政策、做好当前一项工作”。“抓住一个重点”，就是《意见》中明确的各级政府及有关部门的职责，不断增强土地管理和耕地保护的责任感。《意见》明确指出，各市、县（市、区）人民政府主要负责人应对本行政区域内耕地保有量和基本农田保护面积、土地利用总体规划和年度计划执行情况负总责。这是整个文件的重点所在。同时，《意见》仍规定，要实行土地管理问责制。《意见》明确指出，对本行政区域内发生土地违法违规案件造成严重后果的，对土地违法违规行为不制止、不查处的，对发现的土地违法违规问题隐瞒不报、压案不查的，要追究有关市、县（市、区）人民政府负责人的领导责任。此外，《意见》还明确提出，国土资源管理部门及其工作人员要对当地土地利用的真实性和合法性负责，应该看到，这是一个很不轻松的责任。

所谓“明确六个方面政策”，即：严格规划管理，加强对耕地特别是基本农田保护方面的政策；规范建设用地审批，优先保障重点项目用地方面的政策；充分挖掘潜力，提高土地节约集约利用水平方面的政策；强化征地补偿制度，保障被征地农民长远生计方面的政策；规范土地出让收支管理，落实建设用地税费调整方面的政策；执行工业用地出让最低标准，实行招标拍卖挂牌出让方面的政策等。

“做好当前一项工作”，就是要按照要求，对全省近年建设用地进行一次全面清查，严格查处违法违规行为。要重点清查非法批地、未批先用、边报边占、占而不报、批少用多、以租代征、擅自改变土地用途、非法低价出让国有土地使用权、规避招标拍卖出让制度、违规建设明令禁止项目及截留挪用征地补偿费等行为。前一段时间，省厅公开曝光了六起土地违法违规案件，各市县也相继公开曝光了110多起土地违法违规案件。我们相信，随着这些案件的逐步查处，全省违法违规用地的势头必将得到有效遏制。

经验证明，一个文件要执行好，首先要学习领会好文件精神，掌握好其精神实质，明确各项具体规定，这样执行起来才能耳聪目明，得心应手。让我们共同行动起来，迅速在全省掀起深入学习贯彻《国务院关于加强土地调控有关问题的通知》和《河南省人民政府贯彻国务院关于加强土地调控有关问题通知的意见》精神的热潮，用科学发展观统领一切，努力开创河南国土资源管理事业新局面！■（原载2006年第11期《河南国土资源》）

再谈要让乡镇国土资源所靓起来

□本刊评论员　学　文

一年前的今天，本刊曾发表了题为《要让乡镇国土资源所靓起来》的短评。如今，一年过去了，人们高兴地看到，全省乡镇国土资源所已开始迈入规范化轨道，形势是何等之好啊！

在刚刚闭幕的全省基层国土资源所建设现场会上，有8个单位作了典型发言，有13个单位作了书面发言。这些单位的经验，分别从不同侧面构建了河南国土资源基层所建设的一道道亮丽风景线。

这其中，首先要提及的是三门峡市国土资源局。他们从本市实际出发，参照外地的经验，分别制定了基层所的“硬件”和“软件”建设标准。比如，硬件方面要做到“六个有”，即：有独立的办公场所，有一个便民服务窗口，有一辆工作用车，有一部电话，有档案资料柜，有一套测量仪器等。软件方面，要求“个人有四本，办公有四牌，政务公开十上墙”。通过不懈努力，把基层国土资源所纳入了规范化建设轨道。

浚县国土资源局从本县实际出发，切实加强基层中心所建设，通过采取“一所两责”（即同时挂“国土资源所”和“执法监察队”两块牌子），有效提高了该县土地行政执法水平，全县群众信访量因此比往年减少了61%。

宁陵县国土资源局在加强全县乡镇国土资源所建设的同时，还创造性地建立健全了“土地协管员”制度，将土地执法的监督阵地前移，从而取得了全县土地违法案件和群众上访量双双大减少的喜人局面。

项城市国土资源局在加强乡镇国土资源所建设工作中，十分注意管理的科学性和民主性。他们根据基层所的任务构成，实行了“五大员”

制度，坚持“千斤重担众人挑”，将乡镇国土资源所管理纳入了科学管理轨道，其创新精神十分可敬。

无数事实表明，我省各地在加强基层乡镇国土资源所建设方面取得了显著成绩。但是，还应看到，仍存在不少问题需要解决。比如，有的文件虽然发了，但机构、编制和经费供给渠道并没有完全理顺；有的市县对基层所建设不重视，舍不得投入，有等靠要思想；有的管理不规范，纪律松弛。总之，基层国土资源所的现状与形势任务的要求仍有不小的差距。对此，我们必须予以高度关注。

要让乡镇国土资源所靓起来，从当前全省国土资源系统实际出发，需要做好六方面工作。一是要进一步理顺机构编制。一些市县的实际表明，文件下发了，并不意味着所有问题都解决了。二是要加大基础设施建设的力度，使基层所的“硬件”靓起来。三是要加强基层所规范化管理。各基层所要统一要求、统一标准，严格管理。四是要提高基层所队伍的综合素质，要把好人员“入口”，加强业务培训。五是要大力强化服务理念、强化自律意识。六是要切实履行好基层所的各项职责。基层所建设能不能大发展、快发展，能不能实现新跨越、新突破，关键在于各级领导的重视，在于各地的措施是否得力。我们深信，只要大家坚定信心，真抓实干，开拓创新，我省国土资源系统的基层所建设一定会跨上新的台阶。■（原载2006年第12期《河南国土资源》）

满腔热情实施土地新政

□本刊评论员　学　文

随着《国务院关于加强土地调控有关问题的通知》的出台，2007年，我国将有一系列土地新政付诸实施，国土资源管理工作将发生深刻变化。我们应认清形势，顺势而为，努力把各项工作搞上去。

严格土地管理，重视耕地保护，这是党中央、国务院的明确要求。在前不久中央召开的经济工作会议上，明确提出要着力加强资源节约，把节约集约用地作为转变经济增长方式的突破口和重要抓手，下更大的力气加以推进。温家宝总理在不同场合多次指出，现在全国耕地只有18.3亿亩。18亿亩是一条红线，必须守住，无论如何不能突破。在土地问题上，我们绝不能犯不可改正的历史性错误，遗祸子孙后代。对此，我们必须深刻理解，并贯彻到行动中去。

应该看到，随着一系列土地新政的实施，我国的土地管理将出现“四个转变”：一是在耕地保护思路上，由注重保护耕地总量向注重保护耕地总量和控制建设用地增量并重转变。二是在土地调控内容上，由注重关注总量到关注结构和布局并重转变。三是在管理手段上，由注重计划指标约束向注重计划指标和利益约束并重转变。四是在土地增值收益分配上，由主要用于城市向更多倾斜于“三农”和弱势群体转变。

还应该看到，土地新政实施后将给国土资源管理带来“五大变化”，即：随着土地审批方式的转变，省政府土地调控的手段进一步强化；对节约集约用地机制的形成更加有利；对利用土地规划计划调控提出了更高要求；地方政府负责人的责任进一步加大；未批先占、边占边批等违法用地成本明显提高。显然，这种变化对我们的工作思路与方法必然带来重大影响。这是我们必须认清并努力加以适应的。

综上所述，实行土地新政，既是党中央、国务院对国土资源管理方面提出的要求，同时也是我国国土资源管理工作发展的必然趋势。人们完全可以相信，随着行政、经济、执法等手段的进一步密切结合，必将大大促进各地依法管地、依法用地氛围的形成，必将大大促进各地节约集约用地氛围的形成。因此，我们不仅要为各项土地新政的实施大加欢呼，而且还要身体力行，让它贯彻渗透到方方面面。

就当前来说，我们应该“明确一个思路”、“做好四项工作”。所谓“明确一个思路”，就是要以落实土地调控政策为契机，通过土地调控实现保护资源、保障发展和化解矛盾的新突破，为河南经济社会又好又快发展提供强有力的用地保障。所谓“做好四项工作”，一是要认真做好耕地保护；二是要切实保障重点建设用地；三是要大力推进节约集约用地，强力推进标准厂房建设；四是要坚持依法行政，把党和国家有关国土资源管理的法律法规和方针政策一一落到实处。

总之，我们坚信，河南土地新政的前景光明。让我们团结一致，努力奋斗，以扎实有效的工作去迎接这一光明前景的到来吧！■（原载2007年第2期《河南国土资源》）

走向新的历程

——就《河南国土资源》更名为《资源导刊》致读者

□本刊评论员　于　文

亲爱的读者朋友，正所谓“春风送佳音，百花迎宾来”。当您在办公室里、在田间地头、在行进的火车上捧起本期杂志时，您可能会有一个惊奇的发现：几年来，您一直热情关注和钟爱的《河南国土资源》杂志，经国家新闻出版总署批准，已正式更名为《资源导刊》了。我国期刊园林又盛开了一朵鲜艳的花朵。

也许您会很想了解一下杂志为什么要更名。其实，任何更名都是期刊自身发展的需要。由《河南地质》更名为《河南国土资源》，那是为了适应当时机构改革的需要；同样，由《河南国土资源》更名为《资源导刊》，也是形势发展的必需。简言之，这是为了进一步走向社会的需要，是为了向高层科研部门及大专院校组织稿件的需要，也是为了扩大杂志广告发行、增强自我生存能力的需要。我想，对于这些理由，您是会赞同的。

按照厅党组关于“瞄准一流刊物，不断提升自我”的要求，在新的历史征程中，我们全体编采人员将高举邓小平理论和“三个代表”重要思想的旗帜，坚持用科学发展观统领一切，努力做好“三件事”，即：时政报道，要紧跟、紧跟再紧跟；深度报道，要详尽、详尽再详尽；服务读者，要丰富、丰富再丰富。坚持“立足中原、面向全国、改革创新、争创一流”。

回首往事，感慨万千。《河南国土资源》杂志自2002年创刊一路走来，每一段历程，都蕴含着您不少深情和关爱；每一篇文章，都凝聚着您不少心血；每一张图片，都渗透着您洒在中原群山的汗水。如今，几年走过，人们高兴地看到，她在风雨中得到历练，在春风中得到升华，在期望中得到收获。一言以蔽之，在您的帮助下，昔日的丑小鸭早已是容颜大变了。面对新的历程，新的课题，新的前景，她仍然需要您的关爱和帮助。我们深信，有时代的浩荡东风助力，有上级党组织的正确领导，加之您始终如一的大力关心和支持，她——《资源导刊》，一定会不负众望，在为国土资源事业鼓与呼中，再创佳绩。

"日出江花红胜火，春来江水绿如蓝"。展望未来，我们信心百倍。在新的征程中，已经诞生的《资源导刊》必将会以更深刻的主题、更新颖的视角、更丰富的内容，展现在读者的面前。全心全意为读者服务，是我们长久不变的宗旨。让我们一如既往携手并进，共同实践一个理念："资源是民生之本、发展之基、财富之母、为政之要"；精心策划、精心采编，不断提高刊物质量，努力向历史、向读者交出一份满意的答卷。■（原载2007年第3期《资源导刊》）

喜看市长走上耕地保护第一线

□本刊评论员 田 野

据报道，2007年4月6日，河南省政府与18个省辖市的市长们一一签订了耕地保护目标责任书。这是一个重大事件。它意味着，各省辖市市长（包括县长们）从此正式走上了耕地保护的第一线，开始担当起各地耕地保护第一责任人的重任。

显然，这是河南省委、省政府贯彻落实国家土地新政所采取的一个重要举措。这样做，有利于各市市长们统筹考虑当地的建设用地和耕地保护的有关事宜，增强耕地保护责任感；有利于充分利用行政及经济等手段，妥善安排及处理问题，提高工作效率；有利于依法依规办事，有效减少违法违规问题的发生。总之，市长走向耕地保护第一线，既是当今时代的要求，更是耕地保护实践的需要。

诚然，要真正完全落实目标责任书，还有许多工作要做。比如，各市与县、县与乡、乡与村以及政府与各部门的责任目标签订，仍要有一个过程。更重要的是，要将目标任务完全变成现实，并不是一件轻而易举之事，仍需要人们付出大量的心血和长期努力。

还要看到，市长走向耕地保护第一线后，各地国土资源部门所担负的任务并没有因此减轻。如何处理好国土资源领域的新情况、新问题；如何在保障与保护、全局与局部、创新与守旧等方面矛盾日益突出的情况下做好工作，我们将面临前所未有的挑战。对此，我们应有充分的清醒认识，积极面对之。

市长走向耕地保护第一线，最根本的是，要相信和依靠广大人民群众，充分调动方方面面的积极性，共同构筑耕地保护的钢铁长城。毛泽东他老人家说得好：“真正的铜墙铁壁是什么？是群众，是千百万真心实意地拥护革命的群众。这是真正的铜墙铁壁，什么力量也打不破的，完全打不破的。”

当前，除了要进一步完善、落实各地责任目标的签订，各级政府领导和国土资源部门要有宏观思维，大局意识，服务理念，创新精神；要想大事、谋全局，不断创新工作机制、转变国土资源管理理念和方式。具体讲，要努力做到“四个适应、四个加强”。即：一是要适应土地审批方式调整带来的新变化，加强规划计划管理；二是要适应经济手段参与调控带来的新变化，加强土地节约集约利用；三是要适应强化责任带来的新变化，加强依法依规用地；四是要适应土地调控带来的工作机制的新变化，加强部门之间的配合。总之，要努力营造一个良好的耕地保护氛围，为了子孙后代，确保国家确定的18亿亩耕地保护红线不出线，这是历史赋予我们的神圣职责。■（原载2007年第4期《资源导刊》）

科学制定土地利用规划十分重要

——洛阳市洛南新区依法用地引出的话题

□本刊评论员　学　文

这是一件令不少人都大为惊讶之事：

时下，在不少地方开发区曾一度存在的违法违规用地现象，在洛阳市洛南新区的开发中却没有出现。三年多来，这里的几乎每一宗用地，都可经得起历史的检验。它在全省乃至全国都极为少见。

如果我们仔细分析一下，该市的土地利用总体规划（1997～2010年）有明显的三个特点：

其一，制定土地规划时充分征求了各方面意见，具有前瞻性，且程序严格。规划1999年8月20日由河南省人民政府上报国务院批准。批复中明确指出："中心城城市用地规模控制在133平方公里以内。"而洛南新区就明确列在规划之中。

其二，该市土地利用总体规划和城市建设总体规划衔接较好，而且达到近乎完美的程度。这与时下一些地方两个规划之间差异甚大不便执行的情况形成了鲜明对照。

其三，令人惊喜的是，两个规划制定以来均无一例外地得到了严格遵守，没有出现违规现象。当地有关部门负责人敢于拍着胸脯对人说："我们这里的一切用地都是经得起历史检查的。"而这一点，正是不少地方的负责人心里发虚的。

因此，我们说洛阳市洛南新区开发的经验，具有广泛的典型意义。它们在新区开发建设中能够严格做到依法依规办事，实属难得，为各地树立了榜样。

现在看来，一些地方之所以不断出现违背当地土地利用总体规划之事，除当地一些政府官员法制观念淡薄、盲目用地冲动较大是其主要原因外，还同当地当时在制定土地利用规划时没有充分征求各方意见，更没有用发展眼光看问题便草率决策有关。曾几何时，一些地方的人们对城市建设规划比较重视，而对土地利用总体规划相对忽视。他们没有意识到，城市土地利用总体规划是城市建设规划的基础，是建设用地的前提。因此，在制定土地利用规划时不严肃、不认真，不去进行多方论证，不去顾及日后的发展，甚至只是找几个“秀才”研究一下了事。而一些领导自己不懂，又不去深入研究把关，终于让“残缺”规划过了关，以致日后当人们去申请建设用地时却发现问题多多，后悔不已。对于这些地方的领导来说，教训是极为深刻的。

洛阳市洛南新区在开发建设中，建设用地之所以能得到有效保障，说到底正是因为这里的用地既符合土地利用总体规划，又符合城市建设总体规划，同时又有年度用地指标保证，因此在报批过程中“一路绿灯”，也就不足为怪了。这种现象，我们暂且可以称之为“洛南新区现象”吧。总而言之，洛南新区开发经验能给人们带来不少启示，而最重要的就是：制定一个科学的土地利用规划十分重要。但愿能有更多地方的人们清清楚楚地看到这一点。■（原载2007年第5期《资源导刊》）

农村住宅节约集约用地大有可为

——武陟县西滑封村不建独院建高楼引出的话题

□本刊评论员　学　文

农村住宅要不要实行节约集约用地？怎样才能做到既节约用地又改善农民居住条件？在这方面，本刊发表的通讯《河南西滑封人的“节地术”》，为我们作出了有力的回答。

西滑封人是讲现实的。在他们看来，一个农村的土地多少，是历史上长期形成而且不易改变的。因此，如同一个国家和地区一样，一个农村的决策者必须正确处理改善农民居住条件、耕地保护与发展农村经济的关系。在用地方面，必须立足于本村人多地少这一实际。西滑封人也很精明。为了使全村人人都有宽敞舒适的房子住，同时又不多占耕地，他们想出了“向空中要地”的好主意，先是依靠集体力量将全村所有一层民房拆掉，盖起了二层楼的独家小院，不久为了适应建设新农村的需要，他们又依靠集体力量推倒了二层楼的独家院盖起了六层楼的住宅楼，后来又盖起了2栋16层的住宅楼。其远见，其胆略，可谓高人一筹。当然，他们之所以能做到这一切，说到底，仍同他们有强大的集体经济力量支持密切相关，仍同他们有一个坚强的村领导集体和带头人有关。

重视农村宅基地管理是件大事。温家宝总理在全国人大十届五次会议上所作的《政府工作报告》中指出：“包括农村集体建设用地和宅基地，都要控制增量，盘活存量，提高土地利用率和集约化程度。”显然，重视农村宅基地管理已纳入了党中央领导的视野。认真做好农村宅基地管理，是摆在各级国土资源管理部门面前的重要任务之一。

无数事实表明，我国农村的现有宅基用地尚有较大的潜力可挖。据统计，河南省的农村仅“空心村”的土地潜力就在250万亩左右。如果所有农村的宅基地潜力统统计算在内，其数额将会更大。由于种种原因，目前，我国除沿海及一些富裕农村外，相当数量的农村住宅均为一层建筑，且布局不合理。人们完全可以相信，这些低矮民房如加以改造，必将会为当地腾出较多的土地空间。

那么，怎样才能把农村宅基地节约集约利用落到实处呢？笔者认为，首先，要提高思想认识，把它当成大事来抓；尤其是各乡镇国土资源所更应重视此事。其次，要协助当地农村做好包括住宅规划在内的土地利用规划和乡村建设规划。这是当务之急。没有规划，遇事想当然，或几天一变，那就必然造成土地浪费，影响有关法律法规的落实。再次，要严把宅基地审批关。要认真执行有关宅基地的申请条件，看是否合乎村庄规划，是否有宅基地用地计划指标，并接受村民们的监督。最后，要转变作风，深入村户，狠抓检查落实，及时总结经验，改进工作。

总之，武陟县西滑封村在农宅管理中不建独院建高楼的做法，很值得人们深思。或许人们对其的理解可能是多方面的，正所谓仁者见仁，智者见智，但有一点，我想可能是共同的，那就是——农村住宅实行节约集约用地是可以大有作为的！■（原载2007年第6期《资源导刊》）

要重视“拨亮点”

□本刊评论员　学　文

“各地工作亮点不少，希望大家要多总结、多宣传！”一句话，就是要重视“拨亮点”。

这是日前笔者从全省省辖市国土资源局局长会议上得到的重要信息。

亮点者，即精彩之处也。它一般既体现创新之精神，又有示范之功效。客观地讲，今年以来，由于方方面面的共同努力，全省各市县的国土资源工作可谓亮点多多。这里不妨略举几例。

其一，在鹤壁，人们看到该市国土资源局会同有关部门主动对全市工业区土地利用情况进行综合调查评价，为市政府处理低效用地、闲置土地、办公超标用地等提供决策依据。

其二，在洛阳，人们看到该市为加强国土资源执法力度，经市编委批准，拟成立全市国土资源公安执法支队。

其三，济源市的亮点不少，特别是该市为适应全市经济发展和节约集约用地需要，实行“工业出城、项目上山”战略，可谓成效显著。

其四，商丘市因地制宜加强“土地协管员”制度建设，利用电台“行风热线”，宣传土地新政、化解矛盾、促进耕地保护等经验，值得称道。

当然，其他市县还可以举出更多实例。所有这一切，均在不同侧面，有所创新，应该广为推广。

应该看到，重视“拨亮点”，用典型推动各项工作，这是我党一贯倡导的有效工作方法。从客观事物的发展规律看，一个地区、一个单位全面及时完成上级交给的各项任务是应该的，也是必须的。但是，如想在某一方面走在同行业的前列，甚至成为表率，又不是一件易事，必须付出比别人更多的心血和智慧，更多的辛劳，方能奏效。因此，及时总结和宣传“亮点”，就是对那些具有创新思维人们的肯定和支持。

重视“拨亮点”，对于我们每一个人来讲，当前最重要的是要自觉同各种有损“亮点”的行为决裂，让正气，让和谐春风吹遍每一个角落。无数事实表明，当前在国土资源系统，有两个问题需要引起人们重视：一是要加强组织纪律性，做到令行禁止、政令畅通，坚持依法行政。换句话说，一定要做到“听招呼”。二是要做到说实话，干实事，不搞弄虚作假。鉴于国土资源部门要参与宏观调控，为各级政府决策当参谋，必须保证各项统计数字的准确无误，既不能搞所谓掺水的数字，也不能搞所谓缩水的数字。总之，要实事求是。试想，倘若对于那些错误的现象不去批评，对于那些错误的行为不去制止，那么正确的行为就不能得以肯定和发扬光大。俗话说得好，“灯不拨不亮”，大概说的就是这个道理。

要重视“拨亮点”，进一步加强对各种先进典型的总结和宣传，这是厅党组对全厅各单位的一项重要要求。让我们以高度的责任心和自觉性，迅速行动起来，组织力量，将之一一落实到位。人们完全可以相信，只要大家共同努力，中原大地就会处处“亮点”闪闪，处处充满精彩。■（原载2007年第7期《资源导刊》）

干部作风至关重要

——从四个“为什么”引出的话题

□本刊评论员　学　文

日前，河南省国土资源厅厅长张启生在一次会议上一连提了四个“为什么”，可谓意味深长，很值得人们去思考。

——“近几年，国家各种国土资源管理法律法规、政策措施密集出台，可为什么在一些地方总是管不住、管不好、管不了？”

——“为什么济源等地能比较早地实施‘工业出城、项目上山’的节约集约用地措施，而有些地方至今还在盲目圈地、粗放使用和浪费土地？”

——“为什么漯河等一些市、县能痛下决心、迎难而上，全部关闭黏土砖瓦窑厂，而有些地方却在敷衍应付、弄虚作假甚至顶风新建黏土砖瓦窑厂？”

——“为什么义马、西峡等一些市、县对涉及国土资源的信访稳定工作做得让群众满意，把问题消化在了基层，而有些地方却一再出现重复上访、越级上访？”

显然，之所以会有如此鲜明的对比，从客观上讲，是由于今日国土资源管理正处在经济发展的各种矛盾和利益交汇点上，工作确实难度很大。但从主观上看，这与一些地方领导班子的思想素质、业务能力、工作作风、精神状态的优劣有很大的关系。一句话，一个地方领导班子如果作风好、素质高、能力强，就不愁开创不了新局面。

这一点，我们从济源市取得的成绩中不难看出，从漯河市取得的成绩中不难看出，从一切工作成效卓著的地方不难看出。无数事实均说明了一个真理：为政之要，在于用人。用人公，事业兴；用人歪，事业衰。在当前形势下，公道正派用人，对于充分调动广大干部干事创业的积极性，提升国土资源管理水平，具有非常重要的意义。就干部个人而言，良好的作风至关重要。

一个好的干部作风应怎样形成？除选人要准外，关键是要加强党风廉政建设。为此，一是要强化纪律教育和约束。据统计，从2001年成立国土资源部门以来，全省国土资源系统已有345名干部因无视党纪政纪而受到了应有的处分，甚至有53人受到了法律制裁。应当看到，这在全省国土资源干部中虽然只是极个别人，但教训却是极为深刻的。二是要强化干部监督管理措施。说得具体一点，要保护干部、维护系统形象，就要运用组织管、群众管、家属管等方法，就要把干部置于全过程、全时空、全方位的监督管理之中，做到权力运行到哪里、活动进行到哪里，监督制约就延伸跟踪到哪里。尤其要加强对"危险人"、"危险事"、"危险期"的监督。遇到"危险事"和"危险期"，要多打招呼、勤"敲打"，加强警示约束。三是要强化个人自律意识。组织监督再严格，如果没有个人的高度自律也难免出问题。个人要自律，需守住"三条防线"，即思想道德防线、纪律防线、法律防线。总之，作为党员干部要心中自设"篱笆墙"，坚持不越雷池，不蹈悔海。切实做到把"不准做"的管死，把"不应做"的管住，真正树立廉洁务实、勤政高效的良好形象。而一旦做到了这一点，那么，在我们的面前还有什么困难不能克服，还有什么高峰不能攀登呢？■（原载2007年第8期《资源导刊》）

一件值得称颂的大喜事

——热烈祝贺全省53个县（市、区）告别“秦砖汉瓦”时代

□本刊评论员　学　文

这是一个令人振奋的喜讯。

据河南省国土资源厅于2007年9月5日召开的新闻发布会透露，截至8月底，全省已有4个省辖市、53个县（市、区），在经历了一年多艰苦、细致的工作后，终于关闭了辖区内所有的砖瓦窑厂，与“秦砖汉瓦”彻底告别。让我们记住吧，记住这4个省辖市的名字。它们分别是：漯河市、安阳市、鹤壁市、焦作市。让我们记住吧，记住这53个县（市、区）的名字。它们中有：舞阳县、临颍县、召陵区、文峰区、淇滨区、修武县、孟州市、伊川县等。

显然，4个省辖市、53个县（市、区）告别“秦砖汉瓦”的时代，是一个具有重大历史意义的变化。其意义不仅在于拆除了各种砖瓦窑厂6167个，复垦土地12万亩，而且有力促进了全省利用粉煤灰、煤矸石生产新型墙材产业的快速发展。据统计，2006年全省新型墙体材料产量已达191亿块标砖。此外，通过黏土砖瓦窑厂整治，全省每年约减少二氧化碳排放量377万吨，二氧化硫排放量4.23万吨，对改善环境及空气质量，起到了显著作用。更重要的是，榜样的力量是无穷的。4个省辖市、53个县（市、区）彻底告别“秦砖汉瓦”的事实，不仅对全省，而且对全国的砖瓦窑厂整治，均将产生极大的推动作用。

此时此刻，让我们向4个省辖市、53个告别“秦砖汉瓦”历史的县（市、区）领导和国土资源系统的同志们，表示最热烈的祝贺！他们在

关闭黏土砖瓦窑厂行动中所体现的一往无前、开拓进取的精神，必将在国土资源管理史上写下最精彩的篇章。

向先进学习，就要自觉寻找差距，确定目标，振奋精神，发愤图强，迎头赶上。人们注意到，在全省4个省辖市、53个县（市、区）受到表彰的同时，全省仍有一些省辖市和10余个县（市、区），由于行动迟缓、整治不力，而受到通报批评。他们有的我行我素，麻木不仁；有的一等二看，磨磨蹭蹭。时不我待，按照省政府的要求，年底前要全面完成砖瓦窑厂整治任务，现在只有三个多月了，尚有大量工作要做，我们必须抓紧、抓紧、再抓紧，落实、落实、再落实。

向先进学习，就要自觉做好砖瓦窑厂整治成果的巩固工作。要落实动态巡查制度，防止发生反弹。要搞好土地复垦，让昔日的砖瓦窑厂占用地披上新绿。

向先进学习，就要更加努力做好新型墙体材料的生产及市场供应工作。要做好新型墙体材料的生产布局，重视产品质量，稳定价格，保证市场供应。显然，只要我们把这些工作做好了，才能真正完成黏土砖瓦窑厂整治任务，迎接墙体材料的新时代。

向全省4个省辖市和53个先进县（市、区）学习，坚决完成黏土砖瓦窑厂整治和推广新型墙体材料任务。这是时代的要求、人民的呼唤。为此，让我们进一步努力，携起手来，创造新的辉煌。■（原载2007年第9期《资源导刊》）

切实做好乡村干部培训工作

□本刊评论员 学 文

2007年10月10日，中共河南省委组织部和省国土资源厅在郑州联合召开了全省乡（镇）村干部国土资源知识培训工作动员暨师资队伍培训大会，从而正式拉开了国土资源部在豫进行全省乡村干部培训试点的序幕。这是一件事关在广大乡村落实科学发展观，节约集约利用资源，夯实耕地保护前沿阵地的大事，必须认真抓紧、抓好。

常言道，资源是民生之本、发展之基、财富之母、为政之要。温家宝总理在全国人大十届五次会议上强调指出："在土地问题上，我们绝不能犯不可改正的历史性错误，遗祸子孙后代。"就河南而言，既是一个人口大省，又是一个农业大省，人均耕地、人均资源都低于全国平均水平；我们有限的土地，不仅要养活近1亿人口，还要承载起"中国粮仓"、维护国家粮食安全的重任，可谓任重道远。

要做好耕地保护工作，靠谁来做？显而易见，要靠各级政府严格执法，要靠广大人民群众自觉参与，还应充分发挥乡（镇）村两级干部的重要作用。因为他们身居基层，对当地的耕地管理最有发言权。当前，一些地方国土资源信访案件之所以居高不下，究其原因既有政策、机制问题，也有国土资源部门监管不到位的问题，同时和一些基层政府尤其是乡、村干部国土资源法律法规意识淡薄，有关知识缺乏，不按政策办事，化解矛盾不力等也有相当大的关系。无数事实表明，国土资源管理工作的重点在基层，难点和热点也在基层，而基层的关键在于乡村干部。因此，切实做好乡村干部国土资源知识培训工作，是贯彻党的十七大精神，落实科学发展观，将合理利用土地的国策落到实处的重要举措。实践将会证明，这项工作做好了，不仅有利于增强广大乡村干部的法制观念、政策观念，进一步规范征地程序，维护好被征地农民的知情权、参与权、监督权和申述权，坚决制止随意出租、转让甚至非法倒卖土地行为，加强农村集体土地管理，减少农村土地违法现象，而且有利于引导广大农村干部重视国土资源信访工作，及时化解和处理各种矛盾纠纷，促进农村社会稳定和社会主义新农村建设，意义十分重大。

做好乡村国土资源知识培训工作，牵涉到方方面面，时间紧，任务重，各地国土资源部门的领导尤其是一把手要高度重视。要紧紧依靠当地党委、政府和领导支持，主动做好联络和协调工作，将其列入基层干部教育培训整体规划，作为一项事关全局的战略性、基础性工作摆上重要日程。要实行主要领导亲自抓，分管领导具体抓，一级一级抓落实。在实施培训时，要以当地党校为依托，以课堂教育为主，并积极探索和创新培训方法；在培训内容上，应紧密联系本地实际，不搞空洞说教，注意增强培训的趣味性、互动性，努力提高培训效果。要注意做好乡村干部培训的宣传工作，努力做到“报刊有文章、电视有图像、广播有声音”。要大力借鉴商丘市建立“土地协管员制度”的做法，充分发挥广大村干部的应有作用。此外，要按照上级要求，做好为参加培训的乡村干部购买必要的教村、订阅必要的《资源导刊》杂志等保障工作。总之，我们相信，各地只要按这些要求去做了，全省乡村干部国土资源知识培训工作就一定会结出丰硕之果。■（原载2007年第10期《资源导刊》）

为"村官"走上耕地保护第一线叫好

□本刊评论员　学　文

据报道，从2006年2月起，豫东宁陵县有366个行政村的党支部书记（或村委会主任）被该县国土资源局聘为"土地协管员"，与乡镇国土资源所的同志们并肩作战，走向了耕地保护第一线。影响所至，在全县2006年国土资源信访量和土地违法案件比2005年大幅下降的情况下，2007年1～10月与上年同期相比，土地信访量由上年的97件降为今年的58件，土地违法案件由上年的596起降为今年的298起，分别减少了4成和5成，全县80万亩耕地红线安然无恙。

另据报道，宁陵县所在的商丘市，在全市所辖的10个县（市、区）广泛推广了宁陵经验。目前，在该市的187个乡镇4552个行政村，大多数已有了"土地协管员"。从而，使该市的国土资源管理工作出现了可喜的变化。对此，河南省国土资源厅党组书记、厅长张启生给予充分肯定，并号召各地都要"学习借鉴商丘市建立'土地协管员'制度的做法"。

这两则消息是何等之好啊！好就好在，它提出了一个十分重要的课题：加强耕地保护，乡村干部尤其是村干部的作用不可低估。因为，他们身处土地管理的最前沿，与村民们朝夕相处，既有较大的影响力，又有较强的感召力。无数事实表明，哪个村的"村官"国土管理法律意识强，哪里的耕地保护就会洒满阳光。

商丘市等地建立和推行"土地协管员"制度的经验告诉我们，由"村官"变成一名"土地协管员"绝不只是简单的"名称"增加，首先应进行"充电"，真正弄明白"土地协管员"的任务、义务及活动方式，尤其是要学懂弄通国家有关国土资源的法律法规，增强土地的忧患意识和保护意识，真正入脑入心，提高节约集约用地的自觉性。

此外，商丘市等地的经验还告诉我们，要使各地的“土地协管员”真正发挥作用，还必须建立健全一整套的激励机制。比如，要实行“土地协管员”的聘任制，而不搞终身制；要建立必要的例会活动制，而不是听之任之；要明确“土地协管员”的任务和权利，同时要给予一定的待遇，比如订阅适当的报刊等；还要加强对“土地协管员”工作实绩的考核，适时给予应有的物质和精神奖励，等等。

无数实践表明，一个地方的“土地协管员”制度能否建立起来，建起来后能否真正发挥作用，其关键因素在于当地国土资源局和政府领导对这件事重要性的认识程度，在于态度是否积极。只要态度重视，行动积极，许多问题包括资金等难题均可迎刃而解。宁陵县的经验使我们十分清晰地看到了这一点。正所谓“这难、那难，只要头头出马就不难”。

总之，让“村官”们担任“土地协管员”，走上耕地保护第一线，这是一件利国利民的大好事。商丘市等地已开了个好头，为我们作出了榜样。让我们积极响应厅党组的号召，以商丘市为榜样，加强领导，精心组织，努力把“土地协管员”制度抓紧、抓实、抓好，抓出成效来！

■（原载2007年第11期《资源导刊》）

抓住良机　加速推进乡村干部培训工作

□ 本刊评论员　学 文

两个多月来，全省各地认真贯彻由省委组织部和省国土资源厅联合召开的乡村干部国土资源知识培训工作会议精神，积极推进乡村干部国土资源知识培训工作。应该说，开局良好，令人十分欣喜。

各种信息表明，在全省乡村干部国土资源知识培训动员会议召开之后，与会人员普遍及时向当地党委和政府领导同志作了汇报，并迅速制订了本地培训方案，抓紧实施。尤其是商丘、南阳和济源三个试点市，由于当地市委、市政府领导高度重视，各方紧密配合，保障措施有力，培训进展情况良好。据统计，截至12月10日，全省已举办培训班40期，培训乡镇、村干部5640人，其中，乡镇党委书记、乡镇长1364人，行政村党支部书记、村委会主任4276人，培训效果十分明显。但是，各市县进度不平衡，有的计划虽已制订，但尚无具体行动，更有的仍在消极等待试点经验，亟待迎头赶上。

当前，摆在各地有关部门面前的重要课题是：要抓住良机，精心组织，把乡村干部国土资源知识培训工作全面引向深入。

应该看到，今冬明春，是进行乡村干部国土资源知识培训的极好时期。首先，现在各地普遍正在举办学习十七大文件学习班。将学习国土资源法律法规知识与之密切配合，应是一个正确的选择。其次，从时机上看，农业生产季节性很强，而冬季正是农闲季节。在这个时期安排乡村干部培训，不仅不会耽误农业生产，而且有利于明年的整个农村工作安排。再次，试点单位已有较成熟经验。此外，从现实情况看，由于管理集体土地是当前农村工作的重要内容，各地乡村干部普遍有学习国土资源法律法规的积极性。就是说，只有了解、掌握了有关法律法规知识，才能在处理有关问题时得心应手，游刃有余。

从试点单位的经验看，在进行乡村干部国土资源知识培训时，应坚持“四个结合”，即：将乡村干部国土资源知识培训与学习党的十七大文件相结合，将乡村干部国土资源知识培训与做好耕地保护工作相结合，将乡村干部国土资源知识培训与依法管地、抓紧对违法用地案件进行查处相结合，将乡村干部国土资源知识培训与加强国土资源基层队伍建设、提高国土资源管理工作水平相结合。总之，要注意处理好与各部门及各项工作的关系。只有这样，才能保证乡村干部国土资源知识培训工作健康有序地进行，并取得良好效果。

“抓住良机，加速推进乡村干部国土资源知识培训工作”，这既是国土资源部和省委、省政府及有关部门的要求，同时又是筑牢耕地保护“前沿阵地”、确保18亿亩耕地“红线”的需要。一句话，是落实科学发展观、保障国民经济又好又快发展的需要，具有重大的现实意义与深远的历史意义。让我们积极行动起来，在各级党委、政府的统一领导下，坚定信心，振奋精神，不等不靠，扎实工作，以圆满完成国土资源知识培训试点任务的优异成绩，向党和人民交出一份满意的答卷。■

（原载2007年第12期《资源导刊》）

做好节约集约用地这篇大文章

——卢氏县垃圾处理厂上山引出的话题

□本刊评论员　学　文

日前，笔者在豫西卢氏县采访，路过离县城不远的一个山坡处，不经意间令人振奋地发现：该县的垃圾处理厂建在一个荒山坡上，未占一分基本农田。笔者不禁惊异，询问其中缘故。县土地局的负责同志介绍说，卢氏县是一个深山区，有“八山一水一分田”之说，土地资源十分缺乏。为了节约用地，选择再三，最后，县里报请上级批准，把垃圾处理厂厂址定在了荒山坡上。

从卢氏县垃圾处理厂上山一事中，我们可以看到，当地政府和有关部门不仅有较强烈的土地忧患意识，而且时时处处注意把节约集约用地的原则落到实处。显然，这一做法是完全符合国务院2008年1月3日所发《关于促进节约集约用地的通知》精神的，真是难能可贵。

“大力促进节约集约用地，走出一条建设占地少、利用效率高的符合我国国情的新路子”。这既是党中央、国务院在新年之初向全国人民发出的庄严号召，同时，也是当前和今后相当长时期国土资源部门面临的重要任务。对此，我们应该深刻理解，并一一落到实处。

事实上，近年来，河南各地在节约集约用地上，已有不少成功的经验。比如，济源市根据当地实际，在全省乃至全国率先提出了“工业出城、项目上山”，已节约土地2万余亩。正阳县等地通过实施小村并大村等“空心村”治理，使一大批闲置土地派上了用场。商丘市等地为确保耕地红线，在一些重点建设项目中“宁肯绕道拐弯走，也不占一分基本农田”的做法，受到了广泛好评。这些事例说明，只要头脑里有了土地忧患意识和责任意识，认识真正到位，那么节约集约用地就不愁开拓不出新局面。

总之，实行节约集约用地，绝对不只是一个简单的政治口号，而是事关中华民族生存根基和国家长远利益的大计，是落实科学发展观的基本要求所系。要将其完全落到实处，必须下大工夫，努力建立起一整套的制度保障措施。为此，要按照节约集约用地原则，审查调整各类相关规划和用地标准；要充分利用现有建设用地，大力提高建设用地利用效率；要充分发挥市场配置土地资源的基础性作用，健全节约集约用地长效机制；要强化农村管理，稳步推进农村集体建设用地节约集约利用；要加强监督检查，全面落实节约集约用地责任。

从昔日济源市的“工业出城、项目上山”，到今日卢氏县的“垃圾处理厂上山”，都毫无例外地体现了一种精神：那就是节约集约用地。人们完全可以相信，卢氏县能够做到的，其他地方也能做得到。我们深信，在十七大精神指引下，通过广大国土资源系统干部职工的不懈努力，节约集约用地之花一定会在中州大地盛开。■（原载2008年第2期《资源导刊》）

让部门联动机制广泛动起来

□本刊评论员　学　文

近来，笔者不断听到一些地方在进行国土资源行政执法时采取了部门联动机制的消息，甚为欣慰。这里不妨略举几例：

先是洛阳市。该市为了解决国土资源部门执法难、效果差的问题，市委、市政府于去年10月决定成立洛阳市国土资源警察保卫支队，编制20人。

接着是驻马店市遂平县。该县国土资源局与县人民法院通过建立密切联系，做到了“国土部门对违法案件申请一件，人民法院执行一件”。全县出现了土地违法案件执行无积压的新局面。

再就是郑州市二七区。该区从2007年10月以来，在二七区委、区政府的统一领导下，建立了国土、纪检、公安、检察、法院等多部门联动协调机制。凡一经发现并确定为土地违法案件的，各部门按照分工，依法及时处理。

上述事例表明，这些地方的领导，对保护土地资源是全社会共同责任这一点不仅取得了广泛认识，而且已经付诸于行动。

所谓部门联动机制，实际上就是人们正在着力构建的共同责任机制。国土资源行政执法之所以呼唤部门联动，说到底，这是由中国的国情所决定的，也是被无数国土资源行政执法的实践所反复证明必须采取的。一句话，实行部门联动机制，是落实科学发展观、保护国家资源的需要。

洛阳市等地实行部门联动执法的经验表明，要想做好这一点，国土资源部门必须首先做好本部门的工作。这样，实行部门联动方有基础。

俗话说得好，“打铁须得自身硬”。客观地讲，在国家的法律法规体系中，国土资源方面的法律法规属于专业性法律法规，社会上其他部门一般了解相对较少。国土资源部门的同志应该成为这方面的专家和权威，理应比他人对国土资源法律法规了解得更多一些、更细一些、更深一些，否则，一旦出现问题是难辞其咎的。当然，各部门有各部门自身的特点，有其独特的工作方式。对此，国土资源部门的同志应该给予充分的理解和尊重。

还应该看到，实行部门联动，构建共同责任机制，实际上就是把目前国土资源管理中存在的“一家管多家用”变成“多家管多家用”，通过营造“政府牵头、部门联动、齐抓共管”的良好局面，努力让有限的资源最大限度地造福于人民。毫无疑问，这是件功在当代、利在千秋的大好事。我们应以热诚的态度对待之。

洛阳市等地实行部门联动执法的经验还表明，要使联动执法机制真正及时、有效，还必须建立健全市、县、乡、村多级执法网络，真正做到上下高度一致、信息反馈迅速、措施全面到位。在发挥各级网络应有作用时，应把充分发挥村级土地协管员的作用放在十分突出的位置。因为他们身处耕地保护第一线，离农民最近，了解情况往往最详细、最具体、最有说服力。有句富有哲理的话说得好，“机制灵，事业兴”。人们完全可以相信，只要这些土地协管员的作用能够得以充分发挥，必将促使国土资源管理工作跨上新的台阶。■（原载2008年第3期《资源导刊》）

要自觉成为改革创新中的"车马炮"

——学习温家宝总理指示引出的话题

□本刊记者　学　文

据2008年3月20日《人民日报》报道，温家宝总理在某地视察时曾勉励高新技术企业，要像"象棋中'车'一样勇往直前，'马'一样与日俱进，'炮'一样跨越发展"。笔者认为，这　精神同样适用于各行各业，当然包括我们国土资源管理部门。

像"车"一样勇往直前。这是每个革命者应该具备的品德，也是事业发展的希望所在。缺少这种品质，就是缺少发展的希望和生机。面对坦途，要"加速"，而不要"匀速"甚至"减速"；要不用扬鞭自奋蹄，而不是推一把挪一步。当然，前进中有时也有迂回，但绝不是人为地停滞，而是为更快地前进而蓄势。

像"马"一样与日俱进。众所周知，在象棋中马是走日字的，这是一条基本游戏规则。在现实生活中，时代在发展，实践在变化，新情况、新问题层出不穷。显然，只有与日俱进，时时处处坚持不懈追求，不唯书、不唯上，说真话、想实招，才能做到让创造激情奔涌，让奋斗活力迸发。

像"炮"一样跨越发展。我们凡事既不能盲目冒进，也不能思想保守，以致失去一个绝好的发展良机。换言之，就是凡能一步到达目的的，决不分两步或者三步走。处处注意发挥自身的优势，又要善于化不利条件为有利条件，使之成为自身发展的优势，实现发展的"撑竿跳"。

结合国土资源部门的自身实际，笔者认为，要当好改革创新中的“车马炮”，仍应大力弘扬两种精神。

一是要弘扬真抓实干的精神。凡事不能空谈，不能满足于思路有了，会议开了，工作布置了就算了，而是要狠抓落实，直至抓出成效来。豫北某地提得好——

“开会+不落实=0

好思想+不行动=0

布置工作+不督促检查=0

抓住不落实的事+追究不落实的人=落实”

二是要弘扬科学创新的精神。无数事实表明，在当今社会，光知道干、不怕吃苦是很不够的，还得会干、巧干，干出新意来。也就是说，要有创新思维。比如，在一个市、一个县，如何开拓耕地保护新局面，如何形成节约集约用地的良好氛围，如何加强基层乡所建设，乍看起来，这些是常规的问题，但由于各地所处空间、对象和时间不同，如能采用新的方法和思路，相信效果必然会不一样，甚至出现“四两拨千斤”的喜人效果。

总之，“车、马、炮”都是象棋中的重要棋子。作为一名棋手，谋子重在谋势，以求取得运筹帷幄、决胜千里之效。对国土资源人来说，重要的是要在改革创新中发扬“车马炮”精神，努力践行科学发展观，为夺取全面建设小康社会新胜利，谱写人民美好生活新篇章，奉献出我们的光和热，这才是本话题的应有之意。■（原载2008年第4期《资源导刊》）

迎接中原地质科普的新时代

——热烈祝贺河南省地质博物馆建成开馆

□本刊评论员　学　文

2008年4月26日，这是一个令人极为兴奋的日子。

让我们记着吧，永远记着吧——就在这一天，在中原大地上有一个被人们誉为“国内一流”的地质类博物馆——河南省地质博物馆，正式向社会开放，与游人见面了！

此时此刻，我们谨向所有参加地质博物馆建设的工程技术人员，向所有支持地质博物馆建设的各级领导、专家和社会各界朋友，表示最衷心的感谢和最热烈的祝贺！

建设一个国内一流的地质博物馆，既是落实河南省委、省政府关于建设文化强省指示的一项重要内容，也是广大地质工作者的多年追求。早在1956年，当时的河南省地质局就开始筹建地质博物馆，但由于种种原因，“文化大革命”中被关闭。后来于1983年10月再次进行筹建，但由于布展面积狭小，且各种条件较差，没有发挥应有作用。面对这种状况，不少地质科技人员十分焦虑，日夜盼望能建设一个充满时代气息且与河南资源大省地位相称的地质博物馆。这一天终于来到了。时入2001年，河南省国土资源厅成立之后，立即着手新馆的兴建，并于2005年1月正式启动。如今，经过三年的辛勤努力，昔日藏在人们心中的梦想终于变成了现实，我们不能不说这是件大喜事。

令人欣喜的是，河南省地质博物馆的定位十分明确，即：以地质科学、国土资源展示为主体，建设现代化、高科技、独具中原特色的全国省级一流专业博物馆；作为河南资源环境省情展示交流的“窗口”，珍稀地质矿产标本收藏、研究中心，国土资源科普与青少年科学文化素质教育基地，大众游览胜地，与河南博物院形成文博自然相互辉映的格局。同时，在布展形式上，广泛借鉴国内兄弟博物馆的长处，大量运用现代布展技术，实现科学性、观赏性与趣味性的高度统一。明确的国内一流定位，加上现代布展技术的支持，广泛的创新意识，使河南省地质博物馆步入了全国先进行列。

当然，我们深知，作为目前河南省唯一的省级自然类博物馆，它所肩负的科普宣传使命十分重大。据介绍，目前，馆藏各类地层、古生物、矿石、矿物、土壤等标本1.45万件，其中包括在河南境内新发现的汝阳黄河巨龙、洛阳中原龙、栾川盗龙、宝天曼龙等新属种恐龙化石标本，以及堪称国宝级的世界上最小的新窃蛋龙类化石和国内唯一发现、世界上仅存两件且保存最为完整的原始有袋类哺乳动物化石，无论是馆藏量还是标本档次，在全国均处于较高水平。充分保管并利用好这些标本，为社会做好科普宣传，可谓任重道远。

“两个黄鹂鸣翠柳，一行白鹭上青天。”展望未来，我们深信，在河南省国土资源厅和上级有关部门的领导和支持下，河南省地质博物馆的同志们，一定会牢记使命，不负众望，再接再厉，齐心谱写河南省地质博物馆新的辉煌篇章！■（原载2008年第5期《资源导刊》）

悲痛、感动与做好本职工作

——写在汶川“五一二”特大地震发生一月之际

□本刊评论员　学　文

一个月之前，也就是2008年5月12日14时28分，四川省汶川县发生了震惊中外的里氏8.0级特大地震。突如其来的灾难，顷刻间，在地动山摇中，有69159人（截止到2008年6月12日12时）被夺去了宝贵的生命，374141人受了伤，17469人失踪，无数工厂、学校、商店、住宅变成了废墟。

有资料表明，这是新中国成立以来震级最高、破坏性最强、波及范围最广、救灾难度最大的一次特大地震。

五岳肃立，大河哽咽。此时此刻，让我们再次为在汶川特大地震中失去生命的同胞表示沉痛的哀悼！向在特大地震中负伤的所有同胞表示亲切的慰问！

然而，苍山不倒，脊梁不屈；灾难无情，人间有爱。面对始料不及的灾难，人们看到，从中央到地方快速地做出了反应和部署——

胡锦涛总书记在第一时间作出了重要指示，果断决策，举国动员；

温家宝总理在震后2小时即飞赴灾区，现场指挥抗震救灾；

13万陆海空解放军部队和武警官兵遵照中央军委命令，在第一时间集结，星夜千里急驶灾区；

四川各级党委、政府临危不惧，沉着应对，一道道指令，迅速传向各地；

在短短的几小时内，从中央到地方，从空中到地面，千军万马齐奔灾区，迅速形成了规模空前的立体救护网。

“沧海横流，方显英雄本色”。在余震不断的情况下，我们听到了来自中央领导在灾区现场的声音：“现在第一位的工作是抓紧时间救人！”“当务之急仍是救人！”

危急时刻，为了把生命的希望首先留给孩子，会场上，我们听到了一个县长这样的声音：“让学生先撤！”

危急时刻，我们看到了这样的情景：余震中，一队队解放军、武警官兵冒着山上随时会滚下来的飞石威胁，在悬崖陡壁间艰难地向灾区前进；更有那15名空军勇士，为了探明灾区震情，在罕见的恶劣气象条件下，写下遗书，毅然从高空跳了下去。

危急时刻，我们还看到了，成千上万来自祖国各地的抗震救灾队伍和来自世界各国的国外救援者，一个个眼含泪水，在废墟中寻找着生命的希望。

危急时刻，我们更看到了“一方有难、八方支援”所带来的奇迹：截至6月12日12时，在一个月的时间内，国内外社会各界为灾区捐赠款物已达448.51亿元。

这一切，无不让我们感动。

这一切，再一次让我们懂得了什么是“地震无情人有情”的内涵。

在灾区，透过无数解放军和武警官兵那一张张饱含深情的面孔，一箱箱他乡急运而来的药品和食品，还有那为孩子们送来的一个个装满书籍的书包，我们仿佛看到了千千万万颗爱心在跳动，仿佛听到了一个由涓涓细流汇成的时代最强音：“中华民族是任何困难也压不垮的！”

“心系乡亲煎似火，神州情漫长空。”当前，在党中央、国务院的正确领导下，汶川特大地震抗震救灾工作已取得了阶段性成果。展望未来，灾后重建的任务尚十分艰巨。我们要按照党中央的号召，在大力支援地震灾区，做到要人有人、要物有物的同时，化悲痛为力量，化感动为行动，扎扎实实做好本职工作，以优异的成绩向党和人民交出一份满意的答卷！■（原载2008年第6期《资源导刊》）

努力开创国土资源宣传工作新局面

□本刊评论员　宣　文

全厅上下关注、具有继往开来意义的全省国土资源系统宣传工作会议，于7月8日在郑州市中牟县胜利闭幕。在此，我们谨向会议取得圆满成功表示最热烈的祝贺！

众所周知，重视宣传工作，这是我们党的优良传统之一。同时，也是落实党的十七大精神，贯彻落实科学发展观的需要。从当前国土资源工作面临的形势看，无论是土地资源还是矿产资源，供需矛盾均日益加剧，情况越来越复杂。如何做好保护资源、保障发展与资源的高效利用(以下简称“两保一高”)可谓任务艰巨。在这种情况下，借助宣传舆论，让国家有关法律法规深入人心，进一步唤起全社会的土地和矿产资源的忧患意识，建立起共同责任机制，势在必行。此外，进一步改进和加强宣传工作，也是树立国土资源部门良好形象的需要。对此，我们一定要引起高度重视。

但是，我们应当看到，当前在一些市县国土资源部门尚对宣传工作的重要性存在不少糊涂认识。有的工作不主动，推推动动、拨拨转转，消极等待思想严重；有的单位领导认识片面，不懂得宣传工作的重要性，说什么“只要工作做好了，搞不搞宣传没关系”；有的甚至把单位出现的问题，归罪于“都是宣传惹的祸”。总之，国土资源宣传工作是整个国土资源管理不可或缺的一部分。搞好了，只会促进和推动整体工作的进展，而不是其他。问题是要统筹兼顾，恰当把握好宣传的内容和时机，注意讲究宣传艺术。

那么，应怎样开创国土资源宣传工作的新局面？就目前而言，笔者认为，各地国土资源部门应着重抓好四件事：

一是抓住“一条主线”。即以贯彻落实科学发展观、构建科学保障机制为主线，把加强国土资源宏观管理体现在日常工作中，引导全社会进一步增强资源忧患意识、保护意识和责任意识，坚定地落实好“两保一高”各项任务。

二是突出“两个重点”，即保护资源和保障发展两个方面。正确处理保护资源与保障发展的关系，大力总结推广各地坚守耕地红线、节约集约利用土地资源的实例，总结推广各地重视提高矿产资源综合利用效率、发展循环经济的实例，努力完成双保双赢任务。

三是抓好“三个方面”。具体讲，一是要深入抓好国土资源法律法规和有关政策的宣传。尤其是在近期，国家有关政策出台较多，我们要及时有效地宣传，真正使其精神转化为各级党委、政府和广大群众的自觉行动。二是抓好各地先进典型的宣传。应该看到，各地在具体工作中创造了不少新鲜的经验，我们要认真地去总结、推广，使之发扬光大。三是抓好部门的先进人物宣传。在我们系统有不少爱岗敬业的模范人物，他们兢兢业业,无私奉献,需要我们去讴歌宣传,并以此来树立国土资源部门的正面形象。

四是要畅通“四个渠道”。一是要加强同中央及地方新闻媒体，尤其是《人民日报》、新华社、《中国国土资源报》、《河南日报》等媒体的联系。二是要加强《资源导刊》杂志的建设，进一步发挥其应有作用。三是要加强《国土资源信息》内部刊物建设。四是要抓好“地球日”和“土地日”等几个重要节日的宣传，搞好大型活动的策划工作。总之，一定要把相关渠道搞通畅。

“雄关漫道真如铁，而今迈步从头越”。让我们以此次全省国土资源系统宣传工作会议为契机，坚定信心，奋发进取，努力开创国土资源宣传工作新局面！■（原载2008年第7期《资源导刊》）

在解放思想中谋求更大发展

□本刊评论员　学　文

当前，围绕“新解放，新跨越，新崛起”而进行的一场解放思想大讨论，正在中原大地深入展开。这是贯彻落实党的十七大精神和科学发展观的一件大事，每一个单位，每一位同志，都应积极行动起来，投身其中。

何为解放思想？说到底，就是清除脑海中的一些过时观念，从而使之更加符合客观实际，符合事物的发展规律。如果说，我们已取得的胜利无不同昔日的解放思想密不可分的话，那么，在新的历史时期继续解放思想更有其重大的意义。无数事实告诉我们，继续解放思想是科学发展的需要，是推进改革开放的内在要求，是实现跨越式发展的必由之路，是构建和谐社会的正确选择。一句话，是振兴中华、开创各项工作新局面的动力之源。

解放思想是永恒的、普遍的，又是历史的、具体的，不同的时期，不同的阶段，不同的任务，解放思想的领域和重点也各有侧重。就当前情况来讲，笔者认为，继续解放思想应在七个方面狠下工夫，即：要在理论武装上下工夫，在更新观念上下工夫，在创新体制机制上下工夫，在转变经济发展方式上下工夫，在维护社会稳定上下工夫，在提高干部素质上下工夫，在创新党的建设上下工夫。就各级国土资源部门而言，应将原来传统的管理方式转变到自觉参与国家宏观经济调控上来，将传统粗放的用地方式转变到节约集约用地上来。

解放思想既是一个永恒的主题，也是我们面临的一个紧迫任务。各级国土资源部门一定要增强使命感和责任感，团结带领广大干部群众，把继续解放思想深入广泛地进行下去。无数事实表明，解放思想是经济社会发展的“永动机”，无时不需，无事不用，无处不要。因此，我们一定要站在全局和时代的高度，切实把解放思想作为新的历史起点、第一资源、第一动力、第一抓手，摆上重要位置，列入议事日程，体现到工作的方方面面，贯穿于事业发展的全过程，推动改革发展。

开展解放思想大讨论一定要做到紧密联系实际。众所周知，解放思想的出发点和落脚点是创新思路，拓宽视野，破解难题，激发活力，促进发展，推动进步。因此，解放思想不能虚化，也不能泛化，要紧密联系思想实际、工作实际、发展实际，切实增强解放思想的务实性、针对性和有效性。我们要把解放思想与完成经济社会发展各项目标任务，同做好“保护资源、保障发展、提高资源效益”紧密结合起来，使解放思想真正成为广大干部群众打开思路的窗口，解决问题的途径，做好工作的动力，力争做到解放思想和抓好发展两促进、两不误，通过开展“新解放，新跨越，新崛起”大讨论活动，把河南国土资源管理工作提高到一个新的水平。■（原载2008年第8期《资源导刊》）

为“有限指标保重点，一般项目靠挖潜”叫好！

□本刊评论员　学　文

据有关资料，随着国家“中部崛起”战略的实施和城镇化、工业化步伐的加快，目前，河南省每年的建设用地大约需要40万亩，而国家分配的建设用地指标仅有17万亩，缺口较大，而且这一情况在较长时期内不会有太大的改变。这是我们必须面对的客观事实。那么，化解这一矛盾的途径何在？对此，中共河南省委副书记、代省长郭庚茂提出了良策，那就是——“有限指标保重点，一般项目靠挖潜”，即现有国家下达的年度建设用地指标主要用于保障国家和省重点建设项目需要，一般普通项目的用地指标由各市县从盘活存量土地中挖潜解决。

显而易见，这是一个充满智慧和创新精神的好办法！

好就好在，这一办法完全符合科学发展观和国家土地宏观调控精神的要求。同时，也完全符合河南人多地少的客观事实。一句话，是符合省情、国情和党心、民心的好思路！

好就好在，这一办法体现了创新精神和开拓进取的勇气。面对困难和压力，省委、省政府号召各地要开动脑筋，高度重视挖潜，努力走出一条节地型的新路子。显然，这一办法不仅有利于节约土地资源，而且有利于培养干部队伍奋发向上的作风和迎难而上的勇气。

好就好在，实施这一办法，通过建立倒逼机制，一方面可以促使各地转变观念、优化建设项目、促进产业升级换代，另一方面又可以促使各地创新用地模式，努力走出节约集约用地的新途径。

也许有人会说："一般项目靠挖潜，全省能有这么大的潜力吗？"请看事实：据统计，全省城市建成区面积现有1678.6平方公里，市区人口密度只有0.98万人，远低于发展中国家每平方公里1.2万人的水平；全省农村建设用地承载人口约每平方公里只有5291人，比我国村庄人口密度最低限额6667人还少1376人。另据统计，全省仅"空心村"一项，起码仍有200万亩土地潜力可挖。此外，近年来，全省一些地方通过转变用地方式，创新了不少节约集约用地新途径。比如，近年来各地大力推进多层标准厂房建设，充分利用城市地上和地下空间，大力发展高层建筑，盘活利用闲置和低效用地，每年起码可挖掘出5万亩土地潜力。再比如，近年来，全省各地通过开展对"空心村"、砖瓦窑厂和工矿废弃地的整治，新增耕地面积78万亩以上。此外，一些重点建设项目节约集约用地的成绩也十分喜人。例如，商丘市和南阳市在修建区内高速公路过程中就分别节约土地上万亩，创造了重点项目重点节约的良好范例。总之，大量事实表明，在全省实行一般项目靠挖潜不仅是可能的，而且是大有希望的。如果我们照着这条路子坚定不移地走下去，必定是路子越走越宽广，前途越走越光明。

目前，全省各地正在深入开展以"新解放、新跨越、新崛起"为内容的大讨论活动。让我们巧借东风，进一步解放思想，在保护耕地、推进节约集约用地方面大做文章、做好文章。愿我们共同努力，不仅在重点项目保障用地方面"保出新水平"，而且在一般项目挖潜上也"挖出新精彩"。让我们为此共同努力！■（原载2008年第9期《资源导刊》）

谱写国土资源管理新篇章

——写在河南省人民政府44、49号文件发布之际

□本刊评论员　学　文

当前，摆在全省国土资源部门和各级政府面前的一项重要任务就是：认真学习贯彻《河南省人民政府关于严格保护耕地保障科学发展实现土地高效利用的若干意见》（44号文），学习贯彻《河南省人民政府关于进一步加强矿山资源勘查开发管理的若干意见》（49号文）。各级国土资源部门的负责同志应该充分认清这一点。因为只有学习好，真正领会其精神实质，才能贯彻到位，推进河南国土资源管理工作跨上新的台阶。

应该看到，河南省人民政府新近出台的这两个文件，以科学发展观为指导，高瞻远瞩，围绕如何节约集约开发利用土地和矿产资源，做出了全面规划。毫无疑问，这两个文件是当前和今后一个时期具有重要意义的国土资源管理方面的指导性文件。具体讲，两个文件具有五个明显特点：

一是体现了科学发展的思想。两个文件突出体现了“保护资源、基本保障经济社会发展资源需求、实现资源高效利用的总体要求”，明确了实现保护资源与保障社会发展双赢目标的具体途径。

二是体现了抓重点、保重点的思想。文件提出，在土地管理方面，要坚持“有限指标保重点、一般项目靠挖潜”；在矿产资源管理方面，在找矿上要加强重点矿种、重要成矿区带和深部矿产资源勘查，在矿产资源整合上要坚持资源向重点企业聚集。

三是体现了改革的思想。文件明确提出要建立“两保一高”年度考

核评价制度，还提出要建立完善“两保一高”激励约束机制。

四是体现了开源节流思想。在两个文件中，都把节约集约、综合利用放在十分重要的位置，并提出了一些重要措施。认真落实这些措施，积极进行新的探索，是实现“两保一高”的重要途径。

五是体现了从严管理的思想。文件明确提出，要建立共同责任机制。其中，政府主要领导是第一责任人，并具体明确了有关各部门担负责任的详细内容。可以说，从严管理、严格责任、严格追究是这两个文件共同的特点，也是落实“两保一高”的最有力保证。

学懂弄通两个文件精神，重在落实到具体实践中去。各级国土资源部门要以高度的使命感和责任感，认真抓好贯彻落实，切实做到从思想上提高、从机制上保障、从职责上明确、从责任上落实。

通过学习，我们要把思想认识统一到保障科学发展的要求上来。要自觉转变观念，重新审视自己的工作思路、工作方法是否符合科学发展观，弃旧图新。

要构建新机制，确保“两保一高”目标任务的顺利实施。各级国土资源部门要在现有机制基础上，进一步增强针对性、预见性、协调性和有效性。

要严明职责，确保国土资源各项工作规范高效运转。加强自身建设，关键是要加强领导、落实责任、明确导向、健全制度，做到职责明确、分工合理、协调配合、运转有序。

要强化追究，以严格的行政问责推动各项工作落实。实践表明，没有严格的责任追究，落实责任就是一句空话。我们要把行政问责作为一项制度化、经常化的重要监管手段，切实贯彻到日常国土资源管理全过程，促进各项工作落到实处。

回顾过去，我们满怀豪情；展望未来，我们信心百倍。我们完全可以相信，通过认真学习贯彻省政府这两个文件，河南各地在落实科学发展观方面必将迈出坚实的一步，全省的国土资源管理工作将因此进入新的阶段。■（原载2008年第10期《资源导刊》）

土地协管员队伍建设要落实、再落实

——再论要重视和加强土地协管员队伍建设

□本刊评论员　学　文

目前，“国土资源协管员”（本文简称土地协管员）已成为全国（省）国土资源系统的一个重要名词和执法网络建设中的重要一环。人们不仅到处谈论她，而且在深入探讨如何完善她、推广她。

据了解，人们之所以如此重视土地协管员队伍建设，主要出于三个方面原因：

一是进一步夯实国土资源管理“基石”的需要。无数事实表明，要想做好耕地保护工作，必须充分相信和依靠广大农民群众。而具有村干部身份的“土地协管员”，由于置身于数百和上千的村民之中，对违法用地往往能最先发现，便于把问题消灭在萌芽状态。同时，也是及时调解纠纷、创建和谐社会的需要。

二是落实中央和国务院六部门关于在全国县乡村干部中开展国土资源法律知识培训精神的需要。人们记得，2007年10月10日，在河南省委组织部和省国土资源厅联合召开的国土资源法律知识培训动员大会上，领导同志讲话中有一个重要内容，就是要求各地把经受过培训的村干部按照规定聘任为“土地协管员”。

三是落实国土资源部党组和省国土资源厅党组关于2008年工作安排，完善省以下执法网络建设、做好耕地保护、加强土地管理的需要。

总之，无论是从理论上还是从实践上，无论是从历史上还是从现实中，“村看村，户看户，村民看的是干部”是一个普遍真理。其他工作如此，耕地保护、土地管理也不例外。

那么,各地当前落实情况如何呢？纵观全局,河南各市县的土地协管员队伍建设大体有三种情况：

一是多数市县认真落实部、省有关精神，同时注意结合当地实际，以创新精神推动土地协管员制度的建立并在实践中不断完善。在这方面，宁陵县、禹州市、孟州市等地正在进行有益的尝试，为各地树立了榜样。

二是当地建立土地协管员制度方案虽也有了，领导该讲的也讲了，但是在抓落实上，用力不够始终。闲时抓一抓，忙起来就忘了。一句话，满足于工作布置了，文件下发了，但具体落实是否到位无人问津，工作状态一般化。

三是对上级文件精神不认真学习，对外地先进经验不注意研究，采取无所谓态度，随波逐流。有的甚至仍对村干部担任土地协管员，政治上不信任，思想上不关心，工作上不支持。还有的，口头上喊支持，实际上是“只要马儿跑得快，又要马儿不吃草”，连提供起码的学习刊物都成了问题。

同样一件事,为何有的积极,有的消极,有的敷衍,说到底是作风问题。表面上是工作作风,实际上是思想作风,说深一点,就是党性、党风问题。常言道，“一滴水可以折射出太阳的光辉”。同样道理,透过对待土地协管员队伍建设的态度,我们不也可以看出一些市县国土资源部门的党风、行风情况吗？我们倡导的作风,就是令行禁止的作风,就是务实创新的作风,就是狠抓基层一线的作风。我们相信,各地一旦有了良好风气,作为各单位诸项工作之一的土地协管员队伍建设,就必然会跨上新台阶,做出新成绩。

如前所述，加强土地协管员队伍建设，是夯实国土资源管理队伍“基石”、健全国土资源执法网络建设、加强耕地保护、落实科学发展观的重要举措。简言之，是一件利国利民的大好事。让我们进一步以科学发展观为指导，抓住机遇，创新实践，努力把土地协管员这件大事、好事，抓紧、抓好，切实抓出成效来！■（原载2008年第11期《资源导刊》）

积极主动做好扩大内需用地保障工作

□本刊评论员　学　文

当前，由美国次贷危机引发的全球金融危机依然在扩散和蔓延，我国经济受到的影响日益显现。为此，党中央、国务院果断作出了一系列宏观决策，并明确要求各地“出手要快，出拳要重，措施要准，工作要实”。其投资力度之大、涉及范围之广、建设时间之集中，都非同寻常。各级国土资源部门一定要把认识统一到党中央、国务院新的宏观调控决策上来，要争分夺秒，迅速行动，坚定不移地当好扩大内需、加快发展的保障者和促进派。

那么，怎样才能做好服务保障工作？笔者认为，总的来讲，应把握“两大原则”，注意“四个结合”。

所谓“两大原则”：一是积极主动服务，二是严格规范管理。

所谓“四个结合”，即：一是统筹安排与突出重点相结合。要结合土地利用总体规划修编，区分轻重缓急，统筹安排已有规划对投资项目的统筹和管控作用。同时，要突出重点和急需，优先安排新增中央投资计划项目，抓紧土地审批、供应和矿产资源保障，特别是要加大力度，确保年内1000亿元新增投资项目用地尽快到位。

二是提高效率与深化改革相结合。为保证新增投资项目尽快落地，各级国土资源管理部门要加快工作，提高审批效率，提供有力保障。

三是保障资源供应与促进资源利用方式转变相结合。既要有利于促进经济增长，又要有利于推动结构调整和发展方式转变。既要为拉动当前经济增长提供有力的国土资源保障和监管，又要通过优化资源配置和供应结构，转变资源利用和管理方式，节约集约利用国土资源，促进经济发展方式转变，增强经济发展后劲。

四是主动服务与加强监管相结合。为确保中央各项政策措施取得良好效果，对列入新增中央投资计划的项目和符合国家产业政策、用地政策的地方项目，要主动做好服务，及时提供保障。同时，要协助地方政府严格把关，加强新增投资项目用地的全程监管，强化执法监察和土地督察，坚决防止“两高一资”（高能源、高排放、资源型）项目和低水平重复建设、盲目扩张，严防搭车用地，促进经济又好又快发展。

总之，面对国家宏观经济政策调整，特别是4万亿元投资带动的土地需求，一方面对我们加强国土资源管理，是一次大的挑战、大的考验；另一方面，又是我们加快构建保障和促进科学发展新机制的良机。我们要深入学习实践科学发展观，坚持解放思想、改革创新，增强执行能力，切实履行职责，坚持迎难而上，转变作风，真抓实干，既积极主动服务，又严格规范管理。坚持两手抓，两手都要硬，牢牢把握服务保障和严格监管的主动权，特别要坚决防止违法用地现象反弹。让我们振奋精神，点燃激情，开拓创新，力争在扩大内需、促进经济平稳较快增长的服务和监管过程中作出新的重大贡献。■（原载2008年第12期《资源导刊》）

坚守耕地保护红线的重要举措

——三论要重视和加强土地协管员队伍建设

□本刊评论员 于 文

近一段时间，围绕建立村级国土资源协管员（本文简称土地协管员）队伍，河南省国土资源厅党组先后采取了两项重要措施：一是于2008年12月29日正式向各省辖市国土资源局发文，要求在全省范围内建立村级国土资源协管员队伍，并就有关问题做了明确要求。二是厅长、厅党组书记张启生在刚刚闭幕的全省国土资源管理工作会议上，对此提出了更加明确的要求，责令各地要“全面推行协管员制度，建立和完善市、县、乡、村四级动态巡查网络和动态巡查制度”。

在不到一个半月的时间内，省厅不断发文、领导不断讲话，充分显示了厅党组对建立土地协管员队伍的高度重视，已到了十分关切的程度。

可见，规范并做好土地协管员队伍建设，势在必行，迫在眉睫。其理由是：

第一，建立村级土地协管员队伍，是进一步加强国土资源管理，将国土资源管理由原来的垂直到乡延伸到村，实现纵向管理到底的需要。这样做，有利于进一步完善全省范围内的市、县、乡、村四级执法动态巡查网络，为耕地保护注入新的活力。

第二，将村干部聘为村级土地协管员，有利于充分调动基层干部管理土地的积极性。有句俗话说得好：“村看村，户看户，村民看的是干部。”无数实例说明，只要村干部真正重视耕地保护了，那里的违法占地等现象就必然会大大减少。

第三，建立村级土地协管员队伍，是落实厅党组要求，全面加强全省国土资源管理工作的需要。近几年来，厅党组负责同志在多种场合之所以多次要求做好土地协管员队伍的组建工作，是基于对国土资源管理工作实际的全面考量，其有着十分重要的现实意义。

第四，是构建社会主义和谐社会的需要。资料表明，在一些农村之所以因土地引发纠纷和上访，一个重要原因是当地干部协调不力。不难想象，一旦分布在广大农村的土地协管员真正发挥作用，那么，必然会大大促进和谐社会的建立。

总之，建立土地协管员队伍可谓好处多多，那么,要落实此项工作，起码应做到三点。

首先,要认真学习上级有关文件精神,深刻领会其精神实质,把思想认识统一起来。一句话,要做到闻风而动,雷厉风行。

其次,要认真对照文件要求和先进单位经验,认真找出差距,并制定整改措施,将各项工作一一落到实处,决不能敷衍了事，或自以为是,另搞一套。

尤其重要的是，各地在向先进地区学习时，要注意因地制宜，坚持创新思维，不能简单地照抄照搬，而要尽可能做到既要汲取其所长，又要避其不足，力争做到“青出于蓝而胜于蓝”。

“忽如一夜春风来，千树万树梨花开”。我们深信，随着各地村级土地协管员队伍的普遍建立，中州大地上的国土资源管理工作，必然会出现根基更牢、活力更旺的良好局面。因为，无数先进地区的成功实践已让我们看到了希望，我们充满信心。■（原载2009年第2期《资源导刊》）

力争实现国土资源管理新突破

□本刊评论员　学　文

按照党中央和河南省委的统一部署，省国土资源厅学习和实践科学发展观活动从2008年10月开始，到2009年2月，历时4个多月，现已告一段落。这次活动组织之严密、措施之得力、特点之鲜明、成效之显著，对推动国土资源工作之有力，都是值得大书特书的。

回顾4个多月走过的历程，我们高兴地看到，整个活动有五个明显特点：一是全厅上下思想统一，组织领导有力；二是活动方案突显部门特点，目标任务明确；三是注重在学习提高上下工夫，活动载体丰富；四是积极稳妥地推进机制和制度创新，整改效果明显；五是坚持两手抓、两不误、两促进，实践特色突出。总之，通过开展学习实践科学发展观活动，全厅上下广大干部思想观念有了新的转变，工作作风有了新的改进，执行力有了新的提高。

尤其令人高兴的是，通过这次学习和实践科学发展观活动，全厅上下在树立科学发展观念、增强科学发展信心、履行保障和促进科学发展职责等方面形成了不少新的共识。不断凝聚和深化这些共识，对做好新形势下国土资源管理工作具有重要意义。这些共识：一是必须把科学发展观作为国土资源管理工作的根本指导方针。因为科学发展观丰富了发展的思想，更新了发展的理念，完善了发展的思路，提升了发展的境界，是建设中国特色社会主义必须坚持和贯彻的重大战略思想。二是必须把保障和促进科学发展作为国土资源管理工作的根本任务。国土资源管理部门是宏观调控重要职能部门，我们应认清在“扩内需、保增长”中肩负的重大责任，认真履行好职责，保障和促进科学发展。一方面要迎难而上，主动服务，以改革创新和奋勇拼搏的精神，千方百计为保障和促进科学发展提供优质高效的服务；另一方面，要严格监管、严格把关，坚守规划、计划、耕地保有量和基本农田面积四条线，为省委、省政府发展经济当好参谋。三是必须把解放思想、改革创新作为贯彻落实科学发展观的根本方法。首先，要创新工作方式，努力实现“四个转变”，即从重审批轻监管、重管理轻服务，转变为审批与监管并重，管理与服务并重；从重经济社会发展轻耕地保护，转变为保护耕地与经济社会发展并重；从主要依靠行政手段推进工作转变为综合运用法律、经济、技术和必要的行政手段来推动工作；从执法工作被动应付、事后查处、侧重治标转变为主动介入、事先防范、标本兼治。其次，要创新制度机制，加快推进重点领域和关键环节改革创新。一句话，就是要以解放思想带动管理机制全面创新，力争实现国土资源管理新突破。

目前，省国土资源厅机关学习和实践科学发展观集中活动虽然告一段落，但学习和实践科学发展观是一项长期而艰巨的任务，我们必须持之以恒地深入开展下去。为此，当前要十分注意做好“四项工作”，即：在督促检查、认真搞好“回头看”上下工夫；在深入学习、强化思想认识上下工夫；在强化责任、抓好整改方案落实上下工夫；在改进作风、加强机关自身建设上下工夫。

学习和实践科学发展观意义重大，任重道远。让我们坚定信心，主动作为，再接再厉，为促进国土资源管理工作跨上新的台阶而不懈努力！■（原载2009年第3期《资源导刊》）

积极投身“双保行动”和“大讨论”之中

□本刊评论员 学 文

3月31日，国土资源部召开全国电视电话会议，对“保增长保红线行动”和“地质找矿改革发展大讨论”进行动员和部署。日前，河南省国土资源厅又分别召开会议，对如何落实做了具体安排。显然，这是一件必须认真对待、切实做好的大事。

应该看到，在全国上下深入贯彻落实党中央、国务院“扩内需、保增长、调结构、重民生”重大决策之际，在当前金融危机尚未见底、形势依然严峻的特殊背景下，国土资源部召开电视电话会议，在全国范围内部署开展“保增长保红线行动”和“地质找矿改革发展大讨论”有着特殊的意义。总之，这是国土资源系统在新形势下加强和改善宏观调控，统筹保障发展与保护资源，兼顾当前与长远发展关系的重要举措，是构建保障和促进科学发展新机制的重要抓手，也是对国土资源系统领导能力、执行能力的一次检验。

众所周知，保障发展和保护资源既是一对矛盾体，同时又是统一体。作为国民经济和社会发展的基础保障，国土资源管理部门肩负重责，既要积极服务经济发展，又要严格保护资源，必须在矛盾中寻求两者最佳结合点，让两者有机统一。面对严峻的形势，我们必须不断提高统筹保障和保护的能力，做到保障发展和保护资源并举。一方面，我们要积极应对金融危机的影响，以更加主动、更加快捷的土地调控和地质服务，使得保增长的措施更实、更快、更有力，以更加严格规范的监管，确保扩大内需的项目搞得更稳、更好、更有序；另一方面，我们要转危为机，以危机为鉴，反思国土资源管理工作中的不足和制度设计上的缺陷，将危机作为改革创新的机遇，以构建保障和科学发展新途径。

开展“保增长保红线行动”和“地质找矿改革发展大讨论”，实际上也是密切跟进和科学研判形势，持续、及时调整完善国土资源调控和保障政策。不断蔓延、尚未见底的金融危机，给我国土地、矿产市场带来了深刻影响，土地供应总量、布局、结构、时序、价格、抵押面积和贷款总额以及地产公司融资情况等，矿产品价格变化、地质勘查投入、重大项目进展、矿业企业融资等情况，都需要密切注意其发展变化，并相应调整完善国土资源调控和保障政策。

以饱满的热情，积极投身“双保行动”和“大讨论”之中，首先，要明白其基本任务。“双保行动”的主要任务是：保障用地，确保落实扩大内需保增长调控政策；密切跟踪，及时调整土地管理政策和措施；严防反弹，依法维护土地管理良好秩序。在“大讨论”方面，要力争实现“四大目标”，即：转变观念，提高认识，突破思想束缚；把握规律，找准问题，深入分析原因；突出重点，破解难题，创新体制机制；完善制度，改进管理，提高服务水平。其次，要统筹安排日常工作与“双保行动”和“大讨论”的关系，努力做到“两不误、两促进”。再次，要切实加强对“双保行动”和“大讨论”的领导，密切关注两项活动的进展，及时研究解决出现的问题，确保活动取得实效。

“一语天然万古新，豪华落尽见真淳”。让我们携手共进，转危为机，喜迎国土资源事业的美好明天！■（原载2009年第4期《资源导刊》）

力争实现地质找矿新突破

□本刊评论员

近日，从河南省有关部门获得三条利好消息：

其一，2008年度该省通过投入6亿元，对290个地质勘查项目的实施，新发现矿产地24处；新增探明资源储量：煤炭14.92亿吨，铝土矿1.09亿吨，铁2.14亿吨，钼11.29万吨，金50.42吨。

其二，基础地质工作得到加强。通过对全省0.98万平方公里重要成矿区带和区调空白区的矿产地质调查，新发现了一批找矿线索，初步圈出31个找矿靶区和预测区，为下一步科学合理部署地质找矿提供了依据。

其三，河南地质找矿"走出去"战略成绩显著。截至目前，该省地勘单位除在国内新疆等地取得130个探矿权外，还在国外20多个国家获取矿业权超百个，取得了重大突破。

显然，这些喜人成绩的取得是来之不易的。在此，我们谨向创造这些成果的各地政府、地勘单位和地质工作者表示最热烈的祝贺！

当然，我们已经取得的成绩与飞速发展的国民经济要求相比，还有一定的差距；与我们付出的心血相比，还有不少不尽理想之处。因此，我们要借全国深入开展地质找矿改革发展大讨论的东风，通过转变观念，树立大地质、大服务、大支撑理念，用科学发展观统领一切，力争实现地质找矿新突破。

那么，怎样才能实现地质找矿新突破？这是目前全国上上下下、方方面面共同探索、共同思考的问题。笔者认为，要实现地质找矿新突破，需要做到四个方面创新。

地勘队伍管理要有新模式。应该看到，当前存在着的地勘单位体制不顺、机制不活、创新和服务能力不强、队伍建设不到位等突出问题表明，我们在坚持“戴事业帽子、走企业路子”的同时，必须积极探索新形势下地勘单位科学管理的有效模式和符合当前经济社会发展实际的地质勘查新机制。

找矿目标要有新定位。2009年第40个“世界地球日”的主题是“认识地球，保障发展——了解我们家园的深部”。毋庸置疑，这是个十分有意义的主题，应该成为人们的共识。同样道理，笔者认为，各地的地质找矿也应该突出深部找矿。这既是当前各地地质找矿的大趋势，更是客观现实中的必然选择。

成矿理论和勘查技术要有新突破。科技永远是第一生产力。无数事实表明，随着表层矿的减少和找矿难度的增加，必须进一步重视基础地质理论研究，力争地质找矿理论和勘查手段实现新的突破。否则，一味急功近利，作风浮躁是于事无补的。总之，要提倡多做实事，多搞一些扎扎实实的地质理论研究。可以相信，一旦某一地方地质成矿理论研究有所突破，那么当地的地质找矿形势必然会出现大的改观。

思想作风建设要有新起色。当前，一些地方地质勘查单位思想作风建设严重滑坡，不同程度地存在着提供虚假地质报告、伪造勘查资料及违规行为，已引起社会的普遍关注，到了必须解决的时候了。我们应通过加强思想作风建设、道德自律教育、强化制度约束和社会监督等措施，多管齐下，使从业者“不愿”、“不能”、“不敢”违背职业道德和冒险弄虚作假，促使全行业职业道德水平、诚实守信水平有明显提高。随着一支有较高思想素质和业务素质地勘队伍的形成，我们坚信，祖国地质找矿的天空必将是霞光万道，锦绣无比。■（原载2009年第5期《资源导刊》）

开创魅力信阳地质科学旅游新时代

□本刊编辑部

建国六十年，申城喜事多。在中国茶都——信阳第十七届茶文化节举办前夕，《资源导刊·地质旅游》魅力信阳珍藏版出版，这既是打造信阳地质科学旅游的一件喜事，也是推介魅力信阳的又一平台，更是全面贯彻落实科学发展观的具体体现之一。

众所周知，信阳历史悠久，文化灿烂，区位独特，英雄辈出，名产荟萃，历史上曾几度辉煌，发展前景无限广阔。信阳既是一座山水名城、历史古城、革命红城、交通要城、美食之城、歌舞之城，同时又是一座香飘四海的绿色茶城。

大别山与淮河的交织形成了神奇的信阳山水，有山必绿，有水必秀，有石必奇，山水秀丽，风光旖旎。但有多少人知道，大别山地区在25亿年前曾是一片汪洋大海，信阳是从海洋中诞生的呢？数亿年的沧海桑田、斗转星移，才造就今日信阳的物产丰富、人杰地灵。又有多少人知道，扬名中外的信阳毛尖为何被誉为绿茶珍品呢？本期《地质旅游》魅力信阳珍藏版，以地质科普为契入点，以独特的视角、全新的理念来帮助我们揭开这些谜团，帮助我们进一步了解信阳，这对宣传信阳是件很有意义的事。

《资源导刊·地质旅游》魅力信阳珍藏版“山水方阵”栏目中的《信阳:昔日海洋上崛起的城市》，从地质角度讲述今日的大别山区，昔日曾经是一片汪洋大海，经过几次大的造山运动，才隆起了大别山，从而奠定了信阳大地今日的框架；“特别策划”栏目中的《信阳毛尖为何被誉为绿茶珍品》，从地质学的角度对信阳茶叶品质、产量与地质环境的关系进行深入研究，分析优质信阳毛尖生长的最佳地质生态环境；“谁不说俺家乡美”栏目中的《让将军之光永远辉煌新县》全面介绍了波澜壮阔的将军故里——新县的过去、现在和未来，全面推介新县的红色旅游资源；“根在信阳”栏目，详细介绍源于信阳的13个姓氏的来龙去脉。此外，杂志还全面系统地介绍了信阳的旅游线路及特色小吃，其内容不能不说十分丰富。

总之，《资源导刊·地质旅游》魅力信阳珍藏版是一本弘扬信阳文化、推介信阳旅游不可多得的刊物。她从地质角度，以大自然的变化规律为主旋律，热情宣传信阳的山水风光；她融新闻、科普、旅游、摄影于一体，具有较高的观赏性、知识性与趣味性。其内容丰富，观点新颖，视角独特，文字通俗易懂，图文并茂，是一本不可多得且具有收藏价值的好杂志。

红色老区迎嘉宾，绿色茶乡醉游人。朋友们，798万信阳人民欢迎您的到来！让我们共同走进这青山、绿水、红城、茶乡！让我们共同努力，开创魅力信阳地质科学旅游的新时代！■（原载2009年第5期《资源导刊·地质旅游》）

一定要把部省领导讲话精神落到实处

□本刊评论员　学　文

2009年5月20～23日，国土资源部部长、党组书记、国家土地总督察徐绍史，在河南进行调研考察并发表了一系列重要讲话，省委书记徐光春、省长郭庚茂在会见徐绍史或陪同调研期间也对加强全省国土资源工作作了重要指示。领导同志的重要讲话和指示，既有对当前形势的准确判断和理性分析，又有对未来工作的深刻思考和超前谋划，对新形势下推进河南国土资源事业改革发展提出了明确要求，指明了前进方向，具有重要的指导意义。认真学习、深刻领会、坚决贯彻上述领导的讲话精神，是摆在当前各级国土资源管理部门面前的重要任务。

为此，当前各级国土资源部门、各单位要用心做好以下工作：

一是要用部、省领导讲话精神统一国土资源系统广大干部职工的思想。要坚持在深刻领悟中统一思想，在统一思想中解放思想，在解放思想中凝聚力量。要通过学习，把广大干部职工的思想凝聚到部、省领导对当前国土资源工作形势的准确判断上来，凝聚到部、省领导对当前国土资源工作所担负重大责任的准确把握上来，凝聚到部、省领导对当前国土资源工作的重大部署上来，做到方向更加明确，头脑更加清醒，措施更加有效，作风更加扎实，努力提高国土资源管理工作水平。

二是要认真总结经验教训，进一步理清工作思路。各单位、各部门要结合自身实际，对近年来在保护资源、保障发展、维护权益、服务社会以及国土资源部门自身建设等方面的经验做法进行认真梳理、分析，进行深化和推广。

要以深入开展“保增长、保红线”行动和地质找矿改革发展大讨论为抓手，针对当前国土资源工作中的重点难点，抓住薄弱、关键环节，不断完善工作思路，努力推动国土资源工作再上新台阶。

三是要切实改进工作作风，努力做好当前各项工作。要按照“有限指标保重点、一般项目靠挖潜”的要求，合理利用有限的土地资源，积极服务“扩内需、保增长”。要坚持依法依规批地用地，坚决制止和及时查处未批先占、以租代征、随意侵占基本农田、粗放利用和闲置浪费土地资源的行为，坚守耕地“红线”，下决心走出一条符合科学发展观要求的节约集约利用资源之路。

四是要紧紧抓住热点难点，主动破解各种难题。要加快构建保障和促进科学发展的新机制；要大力推进土地综合整治；要进一步加快规划修编和第二次土地调查；要完善国土资源执法监察机制，严格按照早发现、早制止、早处置的要求，认真落实重大事项报告制度和村级国土资源协管员制度等各项执法监管措施，主动破解各种难题。

五是要结合国土资源工作实际，着力解决倾向性问题。各单位、各部门特别是领导干部要把改革创新放在突出位置，进一步增强改革的紧迫感，努力克服“安于现状不想改、畏首畏尾不敢改、思路狭窄不会改”的状况，力争做到“勇于革思想的命、勇于削手中的权、勇于去部门的利”，重点突破发展模式和管理模式的固定化，努力解决一些长期存在的深层次矛盾和问题，及时跟进国家、省出台的一些重大改革，在深化改革和创新工作中进一步破解难题、化解矛盾，更好地为地方经济社会发展服务。

“风吹柳花满店香”。我们深信，通过认真学习贯彻部、省领导讲话精神，中原大地的国土资源管理工作一定会跨上新的台阶，进入新的佳境。■（原载2009年第6期《资源导刊》）

走进远古，探秘黄河

□学　文

亲爱的读者，当您捧起本期《资源导刊·地质旅游》杂志时，相信您会有一个惊喜的发现，那就是黄河、邙山、黄土成了本期的主角，而且文章的角度和内容都是那样的新颖、那样的撩人心弦！

您看——

在《黄河老母亲，您的年龄有多大》一文中，作者阐述并回答了一连串人们比较关注的话题，其中较为突出的是：黄河老妈妈，您的年纪有多大？为了回答这一问题，文中引用了不少统计资料，比如，在世界上，亚马孙河、恒河均有1000多万年的历史，而密西西比河的地质年龄已达2.5亿年；在中国的大河中，长江的形成时间已有6000万年，而黄河各渠段全线贯通的时间才刚刚10万年，两者的鲜明对比告诉了人们一个不争事实：黄河母亲实在是太年轻了！

还有，文中提到，应辩证地看待历史上黄河的功与过。在一些人的记忆中，往往只要一提起黄河，便马上同历史上一次次大堤决口、黄水泛滥的“害河”形象联系起来。其实，与黄河孕育出广阔的华北大平原的功绩相比，与黄河搬来大量泥沙，将河北、山东大陆外扩10万平方公里的功绩相比，与黄河孕育了中华民族灿烂的文明相比，那一次次过错又算得了什么呢？黄河，被称为中华民族的母亲河是当之无愧的！

在《大风刮来的邙山》一文中，作者用大量的翔实资料告诉人们，在距今大约260万年前，青藏高原的隆起促成了强大的西北季风和东亚季风的形成，这两股高空气流常年存在于3500～7000米的高空，每年将百万吨的细砂、粉尘旋入天空并吹向南方。在随风飘移中，粗粒的先沉降下来聚成沙漠，细粒的则被飘移至秦岭北麓，沉积到黄河中下游一带。地质资料表明，200多万年以来，亚洲这片地区从西北到东南的搬运沙土过程从来没有停止过，沙土大量降落的地区正好是黄土高原所在地区，包括五台山、太行山、郑州邙山等地。据此，作者得出的结论是：郑州邙山是大风刮来的。

在《黄土，处处皆学问》中，作者提到，当今时代，一些人只要一提起“土”，便马上与陈旧、落后、不合时宜联系到一起。其实，凡多少有点地质知识的人都会知道，“土”的学问多着呢！特别是位于郑州邙山的“马兰黄土”，其科研价值之大，完全可以用“世界黄土之最”来形容。

显然，刊中的一篇文章就是一束智慧的花蕾，一张图片就是一处地质遗迹的盛景。一本杂志就是一座牵动人心、充满乐趣的科普知识殿堂。朋友，让我们携起手来，共同分享其中的乐趣，度过这段迷人的时光吧！■（原载2009年第6期《资源导刊·地质旅游》）

从部长对“国土协管员”的一声道谢说起

□本刊评论员

据报道，2009年5月21日下午，国土资源部部长徐绍史来到了河南省巩义市调研——

“在巩义市城区国土资源所，车还未停稳，徐部长就亲切地向基层所职工挥手致意。来到职工中间，徐绍史详细询问了国土所的建设、村镇规划、基本农田保护和涉地上访情况，并逐一视察国土所的信访、执法、档案办公室……

‘我们强力推进国土所标准化建设，工作上档次，服务上水平。今年又推行村级土地协管员制度，各种涉地矛盾、信访案件消化在村乡，至今没有出现赴京、赴省上访案件。’巩义市国土资源局局长马振杰告诉徐部长。

徐部长高兴地握住土地协管员郅雪宝的手说：

‘工作开展有困难吗？’

‘说实话困难不小，但有我们在，就能把各种违法用地及信访案件消化在基层！’

‘今年解决消化了多少？’

‘23起。’

协管员的回答让徐部长不住地点头：

‘你们辛苦了！有你们在一线，我很放心，谢谢你们！’”

请注意：在报道中，连用了两处令人难忘的形容词，一是部长“高兴地握住土地协管员郅雪宝的手”；二是“协管员的回答让徐部长不住地点头”。听了协管员的一番回答之后，徐部长充满感情地说：“谢谢你们！”

说实话，看到这里，笔者为部长对协管员的一声道谢，深为感动。也许会有人说，部长在豫调研期间，“谢谢”一类的话说得那么多，你怎么会独对这声“谢谢”产生那么多联想呢？其实原因有两个：一是笔者认为，部长同国土资源协管员的谈话并非偶然举动，而是此次行程的有意安排，它表明了部长对村级国土协管员队伍建设的重视；二是在乡村建立国土资源协管员（信息员）制度，是徐部长早在2008年初就提出来的一个重要课题，而河南省在这方面走在了全国前面，有必要了解一些情况。显而易见，国土资源协管员制度在部长心中占有何等重要的位置。

无独有偶。河南省国土资源厅党组对在农村建立国土资源协管员队伍十分重视，而且醒得早，抓得实，效果好。请看——

早在2006年9月，省厅主管的《资源导刊》，就开始宣传宁陵等地的协管员队伍建设经验；

2007年年初，张启生厅长代表厅党组在全省国土资源管理会上提出，要大力推广商丘市建立土地协管员队伍的做法；

2007年10月和2008年3月，张启生厅长在全省性的两次重要会议上，均重申了上述类似要求；

2008年12月29日，河南省国土资源厅正式行文，要求全省建立国土资源协管员队伍，并对聘任的范围、对象、条件待遇及如何管理等做出明确规定；

2009年6月5日，省国土资源厅专门召开有省辖市局主管局长参加的会议，听取汇报，督促进展。

从部长的一声道谢，联想到河南省厅领导国土资源协管员制度建设不难看出，各级领导对协管员队伍建设是多么的重视、关注！诚然，这一切都取决于一个基本事实：那就是建立村级协管员队伍是完善省、市、县（市、区）、乡、村五级执法及管理网络的重要一环，而且是最基础的环节。俗话说得好，“基础不牢，天动地摇”。人们很难想象，一个地方如果村级协管员队伍的建设抓得不好，那里的耕地保护和国土资源各项管理工作怎会有好的结果。让我们从部长向协管员的一声致谢中得到启示，按照部、省的要求，切实把国土资源管理“前沿阵地”建设好，作用发挥好。■（原载2009年第7期《资源导刊》）

享受地热，让我们的生活更精彩

□本刊评论员

亲爱的朋友，你知道吗？地球内部的温度高达4700℃，就是坚硬的岩石也被灼热成熔融状态，形象地说，我们脚下深处就好像是地狱般的“岩石汤”。在温度非常高的地球地幔中，有毒的铀、钍和钾元素的同位素释放出的辐射流不断地对这些“岩石汤”进行加热，使其保持高温。就是在这种高温的帮助下，才形成了火山、喷泉和温泉。也正是这种高温，才使得地热成为一种具有巨大潜力的新兴能源。

20世纪以来，随着科技的进步和资源开发利用水平的提高，地热能源开始成为一种与太阳能、风能、水能并列的新兴能源。地热作为一种宝贵的矿产资源，是新能源中唯一的地下矿藏，集热、矿、水为一体，具有洁净、廉价、易开采、用途广泛等特点，受到世界各国的青睐。开发利用地热资源，在改善生态环境，提高人们健康水平，开展温泉休闲旅游，促进相关产业经济发展，扩大就业等方面，具有显著的经济、社会和环境效益。

为帮助人们了解地热方面的科技知识，本期开篇《地热开发，愈来愈火的“朝阳产业”》一文从地球内部构造谈起，详细阐述了地球是一个庞大的热库，蕴藏着巨大的热能。据估计，地热的总蕴含量约为地球煤炭含量的1.7亿倍，地热能将是未来新能源中重要的、宝贵的矿产资源，它将广泛应用于地热发电、地热供暖、地热务农、地热行医等人们的日常生活中。

在《河南处处有温泉》一文中，作者讲述了河南省境内地热资源丰富、分布广泛、开发历史悠久。据调查，目前河南大部分省辖市（城区）及市、县均有地热井分布，地热井数量达800余眼。地热开发已广泛应用于休闲保健、医疗、饮料生产、种植养殖、供暖等方面，并取得了一定的经济、社会和环境效益。

另外，文中提到，河南地热资源的开发，虽取得了一定的效益，但全省性地热地质工作滞后，全省地热资源家底及埋藏分布规律仍不甚清楚，开发利用及管理等缺乏相关地质依据，从而造成无序开采、资源浪费及由此而引发的局部环境地质问题较为严重，制约了河南地热产业的良性发展。为此，2005年12月起，河南省地质环境监测院开展了河南省地热和矿泉水资源调查评价工作。经过两年多的工作，他们进一步摸清了全省地热、矿泉水资源数量及分布规律，为全省地热、矿泉水资源的勘查、合理开发利用及管理提供了科学依据，做了一件利国利民的好事。

目前，随着保护生态环境和可再生的能源资源意识的增强，全球正兴起开发地热资源的热潮。地热发电、矿泉利用是地热资源开发的两大热门，而温泉休闲旅游更是热门中的热门。之所以如此，是由于世界经济的飞速发展，使人民生活质量不断提高，有了充裕的闲暇时间，温泉疗养旅游成了许多人热捧的休闲度假方式。有诗云："温泉水滑洗凝脂"，"偷得浮生半日闲"，就是很好的说明。

亲爱的朋友，借助本期杂志，如果能使你进一步了解地热和温泉的相关知识，欣赏到精美图片的艺术真谛，从而更加珍惜宝贵的地热资源，那么，这将是一件幸事。让我们携起手来，再接再厉，努力开创地热资源合理开发利用的美好明天吧！■（原载2009年第6期《资源导刊·地质旅游》）

主动作为　谱写国土资源管理新篇章

□本刊评论员　学　文

当前，各地国土资源管理工作普遍面临着任务艰巨、矛盾突出、压力较大的局面。面对此情此景，是畏首畏尾、怨天尤人、消极等待？还是主动作为、开拓进取、破解难题？这成了人们必须面对和回答的问题。

显然，主动作为、开拓进取、破解难题，是我们应有的理性选择。

然而，在我们的现实生活中还存在着许多与国土资源管理所担负任务不相适应的现象，从一些地方看，大体可以归纳为“五个跟不上”。

一是思想观念跟不上。表现在对新形势认识不足，没能自觉地站在全国、全省经济社会发展的大局中思考、研究问题。相当一部分干部仍然固守和沿袭传统的资源管理理念和方式，没有及时从单一的行政审批转变到宏观调控上来，精神状态和工作状态不适应。

二是能力建设跟不上。对党和国家有关的新法规、新政策、新观点，学习掌握不及时，有的地方总嫌用地指标少、不够用，可真正得到了指标，又落实不了项目、供不了地。无论是工作能力还是政策执行力均有待提高。

三是科学管理跟不上。从省厅到市局、县局，相对封闭、自成体系、各自为政的现象普遍存在，互相之间沟通交流和协调配合不积极、不主动，甚至存在推诿扯皮现象。

四是机制建设跟不上。比如，在构建落实“两保一高”要求的激励约束机制方面，我们尽管较早就提出了“四个挂钩”政策，但落实不够。

五是改革创新跟不上。改革创新的意识不强、勇气不足、操作能力不强。

存在上述问题的原因是多方面的，但是说到底，是缺乏创新思维、缺乏革命斗志，是党性不纯的表现。如果听之任之，不加改正，党和国家关于国土资源管理的任务便很难完成，其结果，必然是误国误民。因此，必须认真对待，彻底改正。

强调主动作为、开拓进取、破解难题，当前各地就要结合开展“找差距、提建议、补短板、上水平”活动，进一步查找存在的突出问题，制定和落实整改措施，努力提高管理和服务水平。

具体讲，要力争在五个方面取得新成效：

深入调查研究，在加强能力建设上取得新成效。要把主要精力放在研究和落实政策，分析与掌握国情、省情上来，切实把上级政策学深吃透、用足用活、用出成效来。

加强综合协调，在增强整合力上取得新成效。要加强内部协调，打破专业、部门“壁垒”，形成整合力。同时做到外部协调，积极做好部门沟通配合，落实共同责任，特别是与新闻部门的沟通，以营造良好的舆论环境。

深化“两转两提”，在提高执行力上取得新成效。要转变管理理念，变“大家围着我们转”为“我们围着大家转”，把权利和责任放下去，把服务与监管抓起来。

推进改革创新，在增强工作活力上取得新成效。坚持以改革增活力，以创新求发展。

加大奖惩力度，在完善管理机制上取得新成效。要围绕“两保一高”要求，把对工作责任目标的考核与领导干部的考核任用相挂钩，建立起完整的考核评价和奖惩机制以及责任追究机制。

“一树春风千万枝，嫩于金色软于丝。” 总之，只要我们坚持主动作为，不懈开拓进取，就一定可以谱写出国土资源管理新篇章。■（原载2009年第8期《资源导刊》）

创新思维是取得一切成功的源泉

——济源市国土资源局庆祝建局八周年引出的话题

□本刊评论员　于　文

与不少省辖市国土资源局一样，到2009年8月，济源市国土资源局已走过整整八个年头了。此时此刻，我们谨向济源局的广大干部职工及家属，表示最热烈的祝贺！

八年，在人类历史上不过是短暂的一瞬。然而，翻开历史的篇章，人们会发现：该局一路走来的八年，处处亮点闪闪，步步流光溢彩。

请看——

在队伍建设方面，该局领导十分重视基层建设，较早报请市政府批准，在全市建立了五个国土资源分局。尤其值得一提的是，从去年开始，他们认真落实部、省要求，在全市较早建立起了村级土地协管员制度。从而，为做好全市国土资源管理工作提供了坚强的组织保障。

在节约集约用地方面，该局充分发挥主观能动性，为市委、市政府“工业出城、项目上山”战略决策的实施，做了大量卓有成效的工作。令人高兴的是，这一经验受到部、省领导的高度重视。伴随着时间的推移，目前，“工业出城、项目上山”这句话早已响彻中原大地和大江南北。

在地质公园建设方面，他们先是于2004年1月19日，从北京捧回了王屋山国家地质公园的匾牌，接着又一鼓作气，在认真完善各种硬件和申报资料后，取得了向联合国教科文组织申报世界地质公园的良好佳绩，河南省山水风光从此又多了一张世界级名片。

在精神文明建设方面，该局领导站得高，想得远，十分重视广大干部职工的思想建设和业务建设，重视开展职工文化体育活动。该局的通讯报道工作，连年来一直走在全省各省辖市局的前列。

当然，上述亮点只是该局诸多亮点中的精华。对此，或许有人要问："创造出这些亮点的原因是什么？"毫无疑问，这是济源局广大干部职工在上级党委、政府及局党组的领导下，共同开拓进取的结果。但若仔细分析，人们便会发现，这支队伍有个十分重要的特点：那就是始终保持着永不满足、昂扬向上的进取精神。正是这种昂扬向上的进取精神和其所体现的创新思维，才使该局在国土资源管理征程中一路高歌，佳绩连连。而创新思维说到底，就是正确看待自己、正确看待别人、正确看待各种事物。在这些人的头脑中，永远充满着激情，充满着创新精神；在这些人看来，任何工作、任何事情，没有最好，只有更好。他们的眼光永远注视着前方，注视着未来，注视着更高的标准。人们可以相信，只要有了这种心态和思维，就没有解决不了的困难，没有创造不了的奇迹。济源市建局八周年所取得的丰硕成果再一次说明了这一点。

让我们永远牢记这句话吧：创新思维，是取得一切成功的源泉！■

（原载2009年第8期《资源导刊》济源专刊）

奏响中国钼都“鸾凤和鸣”新乐章

□本刊评论员

栾川县位于豫西山区，古时西部蔓渠山（今闷顿岭）鸾鸟群栖，故名鸾山。所出伊水名鸾水，地名鸾川。“鸾”与“栾”两字通用，宋朝以前通写鸾川。元人修《宋史》始写栾川，沿袭至今。

栾川县城距省会郑州市280多公里。东与嵩县交叉毗邻，西与卢氏勾错衔接，南与西峡依伏牛而抵足，北与洛宁傍熊耳而摩肩。总面积2477平方公里，栾川山多地少，人均耕地0.63亩，素有“九山半水半分田”之称。

栾川历史悠久，资源丰富，锦山秀水，钟灵毓秀。然而，新中国建立以前，这里只能用偏僻、闭塞、贫穷、落后来形容。新中国成立之后，栾川人民在中国共产党的领导下，揭开了栾川历史崭新的一页。60年来，特别是改革开放30年来，在历届县委、县政府的正确领导下，全县人民认真贯彻党的路线、方针、政策，发扬山区群众艰苦奋斗、勤奋创业的光荣传统，解放思想，实事求是，锐意进取，顽强拼搏，用自己的聪明才智和汗水心血使这片土地焕发出了前所未有的生机与活力。特别是党和政府为加大栾川地质找矿工作，先后派出50多家地质队伍的数千名地质队员，在栾川大地上挥洒汗水，发现并探明了钼、钨、铜、铅、锌、金、银、铁、油页岩等多种矿产资源。如今的栾川，综合经济实力已跨入河南省十强县，集“中国钼都”、国家级生态示范园区、全国卫生县城等50多个国家和省级荣誉于一身，一改过去偏远、贫穷落后的形象，昂首走在新一轮经济发展的前列。

“既要金山银山，又要绿水青山”是栾川县委、县政府的一贯目标。在发展经济的同时，该县深入整顿和规范矿产资源开发秩序，推进资源整合，加强地质环境保护，大力开展矿山环境治理恢复，让天变得更蓝，水变得更清。近年来，栾川充分发挥“四河三山两道川，九山半水半分田”的先天优势，大力发展旅游业，并依托旅游带动特色农业、服务业发展。目前，栾川森林覆盖率83.3%，已拥有6个AAAA级景区，大小旅游景点30多个。栾川的青山绿水，吸引了越来越多的中外游客。2008年，全县接待游客320万人次，旅游总收入11.4亿元，被国家旅游局命名为“中国旅游强县”。

创建世界地质公园是栾川推进人与自然和谐发展的重头戏。辖区内花岗岩滑脱峰林地貌景观、构造岩洞景观、瀑水钙化景观，以及以栾川盗龙为代表的白垩纪恐龙化石群等地质奇观举世瞩目。中国地质科学院院士赵逊来栾川考察，对栾川独特的旅游地质资源赞不绝口。栾川园区成功扩展进入中国伏牛山世界地质公园，将充分展示栾川独特的地质遗迹和自然风光，全面提升栾川生态旅游品位和吸引力，为县域经济发展的“栾川模式”注入新的活力，更加完善地诠释和谐发展和科学发展观。

今天，栾川又站在了新的起点。构建和谐栾川，建设绿色栾川，打造健康栾川，是全县人民的共同愿望和美好理想。要让理想变为现实，必须以饱满的热情，抢抓机遇，只争朝夕，去续写栾川更加壮丽的诗篇；以昂扬的斗志，改革创新，勇往直前，去奏响栾川“鸾凤和鸣”的新乐章！■（原载2009年第8期《资源导刊·地质旅游》）

让组组数据诉说60年的辉煌

□本刊评论员　学　文

时入仲秋，祖国大地处处硕果累累，桂花飘香。此时此刻，当我们翻开新中国成立以来的史册，便会惊奇发现：其成就是那样的辉煌！那样的鼓舞人心！那样的可歌可泣！

仅以河南为例，60年来——

地质找矿方面。全省发现矿产资源由原来的20种增到127种，增长幅度5倍多；探明矿产资源储量由新中国成立初期的零矿种猛增到75种。在2008年前探明的矿产储量中，居全国第一位的有15种，前5位的有47种，前10位的有85种。在已探明的矿产地中，其中大型和特大型的有231处，中型的有347处，小型的有1199处，潜在资源价值1.8万亿元。

矿业开发方面。全省矿产开发利用的矿种由新中国成立初期的10种增加到90种。矿山数量，由新中国成立初期的100多个发展到2008年的4488个；全省矿业年产值由新中国成立初期的区区几十万元猛增到2008年的855.6亿元，迈进全国五大矿业省份之列。全省因矿业开发产生了以平顶山为代表的10个矿业城市(区)。

地下水和地热勘查方面。新中国成立以来，水文地质工作者为全省城市、能源和工业基地勘查出大中型水源地84处，日供水量为630余万立方米；为缺水山区定井3000多眼，解决了豫西、豫北110万人的饮水困难；为340万公顷宜井灌区提供了用水保障；新发现矿泉水产地200多处，为全省创建42个矿泉水品牌创造了条件。

土地整理开发方面。通过土地整理，全省耕地总量由1949年的734.5万公顷增加到1954年的906.2万公顷。改革开放以来，全省又新增加耕地

2万多公顷。尤其是近年，通过开展“三项整治”，全省新增耕地78万亩。其战绩之显著，在全国有较大影响。

耕地保护与土地市场方面。到1996年底，全省建立了县、乡、村三级基本农田管理保护网络，划定了1.01亿亩基本农田。从1999年起，全省连续10年保持了耕地总量占补平衡有余。与此同时，全省土地市场日益规范，2001～2008年，全省共出让城镇国有土地使用权44622公顷，收取土地出让金1161亿元，有力支持了社会经济建设，大大加速了全省城镇化进程。

数据是最有说服力的。然而，有谁知道，在创造这些数据的背后，全省广大国土资源工作者为此付出了多少心血和汗水？大地为证，正是由于他们的辛勤劳动与无私奉献，在昔日荒凉之处，崛起了一座座新城；在昔日干渴之地，涌出了一股股清泉；在昔日偏僻之处，已建成了四通八达的高速公路网。当然，我们深知，如果没有党和各级政府以及广大人民群众的关心和厚爱，便不会有国土资源方面60年间无数奇迹和辉煌的诞生。让我们发自内心地呐喊：成绩——是属于人民的！荣誉——是属于祖国的！放眼未来，为了祖国更加美好的明天，我们坚信：广大国土资源工作者必将以更加饱满的革命热情，谱写更加多彩的优美篇章！

■（原载2009年第9期《资源导刊》）

2.4亿年，一个十分有趣的话题

□本刊评论员

在当今中国，几乎无人不晓：中原大地是个好地方！

这里历史久远，文化厚重。5000年前，人文始祖——三皇五帝基本上都在今河南一带活动和繁衍生息，炎黄子孙的祖先——黄帝就出生在新郑。中华始祖伏羲建都地周口淮阳，被誉为“羲皇故都”。中国八大古都河南就有四处。自公元前21世纪我国第一个统一的奴隶制政权——夏朝建立，至北宋王朝灭亡，河南在历史上处于全国政治、经济、文化中心地位长达3000余年，先后有20多个朝代的200多位帝王建都或迁都于此。全省拥有8个国家级历史文化名城，199处全国重点级保护单位，地下文物占全国第一，地上文物全国第二，被史学家称为“中国历史文化博物馆”。

这里风光秀丽，美不胜收。西有集华山之险、黄山之秀的秦岭之巅，东有沃野千里、瓜果飘香的大平原，南有山清水秀、鱼肥鹰飞的大别山苏区，北有云台奇景、更有王屋神韵飘远。

这里人杰地灵，豪杰辈出。五千年的文明史在中原大地上演了一幕幕雄壮的历史话剧。从武王伐纣、战国争雄、陈胜起义、楚汉相争、刘秀中兴，到三国争霸、七贤啸聚、武后亲政、岳飞抗金等神奇辉煌的历史，形成了脍炙人口的历史典故；被称为文学祖典的《诗经》，许慎的《说文解字》，曹氏父子的建安文学，杜甫、白居易、李商隐等大诗人的传世之作，以韩愈为首的唐宋散文……照亮了中华文化奔流不息的长河，哺育出了从古至今一代又一代的英雄豪杰。

这里的……

然而，有谁了解这片承载着厚重历史、厚重文化的中原大地？有谁了解这片厚重大地形成的演化历史？为了帮助人们了解这些问题，本刊郑重推出《2.4亿年，每个河南人都应该知道的“生辰”》、《地学大揭秘：厚重河南大地土层有多厚》。在这些文章中，读者朋友将会从大自然的奇妙变化中了解五大造山运动是如何鬼斧神工地塑造出这片大地山水格局的，了解人们所赖以生存的全省各地的大地土层厚度，从而激发人们进一步热爱脚下这片神奇的土地，热爱和珍惜宝贵的人生，增进珍惜人类生存地质环境的自觉性。

或许有人发问：“了解这些知识对我们有什么用处？”其实，用处大得很！首先，这是早已存在于漫长的地球演变历史之中的客观事实。深刻了解它，有助于我们了解事物的来龙去脉，更加客观地看待一切。其次，有利于人们科学思维，正确看待和珍惜人生。一位哲人曾说过：“如果把地球演化的46亿年比作一天的话，那么人类5000年的文明史只不过是短暂的0.1秒。”如此悬殊的对比，显然有利于帮助人们树立唯物主义的历史观，坚持科学的新思维，推动经济社会的发展与变化！

因而，让我们一次又一次地对着蓝天、对着大地疾呼：

2.4亿年，每一个河南人都应该了解这一有重大意义的数字，知晓这一中原大地鲜为人知的“生日”！■（原载2009年第9期《资源导刊·地质旅游》）

当我们从节日的兴奋中走来……

□本刊评论员　学　文

秋高月圆庆佳节，金风送爽舞新姿。

此时此刻，共和国之树苍劲挺拔，已被刻上了第六十道美丽的年轮。

此时此刻，我们正从记忆中美好的昨天走来……

请看：天安门前，那雄壮威武的阅兵式阵容，军旗下队伍精神抖擞的行进步伐，阳光下熠熠生辉的刺刀、战车和导弹，令心灵为之震撼。

请看：群众游行队伍里，人们欢欣鼓舞、昂扬向上的精神面貌，更有那辆辆如云般的彩车与朵朵鲜花争辉，似乎在表达着对祖国美好明天的祝愿。

此时此刻，当我们从节日的兴奋中走来，可以说，心潮澎湃，思绪万千……

这是因为，60年波澜壮阔的奋斗，60年沧海桑田的巨变。我们伟大的祖国，以社会主义革命和现代化建设的辉煌业绩，以成功走出的中国特色社会主义崭新道路而屹立在世界的东方。

60年来，国土资源管理事业与共和国同行，走出了一程又一程光荣而不平凡的道路；地质找矿硕果累累，为国家寻找各种矿产达171种，兴建矿山企业12万个；土地管理，与时俱进，有力保障了国家经济建设和发展的需要。

60年来，党和国家对国土资源管理事业一直非常关心、非常重视。在党中央正确领导下，国土资源管理事业从小到大，从弱到强，从分散到集中，取得了飞速的发展。尤其是改革开放30年来，国土资源管理事业在保障发展、保护资源、参与宏观调控、维护权益方面取得了巨大的成就。总之，各项工作欣欣向荣，生机勃勃。

如今，60年的辉煌已成为历史。我们正处在一个中华民族奋发进取的伟大时代，面临着难得的发展机遇。到2020年，我国将全面迈进小康社会，成为工业化基本实现、生活质量明显改善、国内市场总体规模位居世界前列的国家。到2050年，即新中国成立100周年之后，我们将基本实现现代化，建成富强、民主、文明的社会主义强国。这是一个灿烂的美景，我们将努力为此奋斗。

盛世中华再造辉煌，要求国土资源管理事业作出新的历史贡献。当前，我国土地管理和地质找矿工作总体向好发展，但也存在着不少困难和问题。就当前而言，我们必须根据“两保一高”的要求，打好“保障增长、保护资源”的硬仗，切实改进工作作风，确保各项具体任务的完成。

此时此刻，我们从节日的兴奋中走来，正在向新的节日走去。放眼未来，我们欣喜地看到，新中国的昂首巨轮正乘东风、破巨浪，犁起朵朵白色浪花。我们坚信，祖国的明天必定前程似锦，如诗如画，光焰万丈！■（原载2009年第10期《资源导刊》）

太行风骨最胜处　魅力武安欢迎您

□本刊评论员

在冀南巍巍太行山下，有一座被誉为“钢铁”之城、“旅游”之城、“文化”之城的地方，她是著名的地方戏曲之乡、古代冶炼之乡、河北小米之乡，她——就是素有“千年古县”、“太行明珠”之称的河北省武安市。

武安隶属于邯郸市，历史悠久，是中华民族文明发祥地之一，距今7500多年的“磁山文化”就发源于此。武安春秋属晋，战国归赵，赫赫有名的苏秦、李牧、白起都曾被封为“武安君”；西汉初置县，已有2200年的建县史。武安交通便利，自古即为晋冀交通要冲，距首都北京400公里。武安文化底蕴深厚，拥有平调、落子两个地方剧种，在我国县（市）中极为罕见。她物产丰富，境内金、木、水、火、土“五行”俱全，煤、铁、粮、棉、油样样皆有；她是革命老区，刘伯承、邓小平等老一辈无产阶级革命家曾生活和战斗在这里，近3000名武安优秀儿女为新中国解放献出了宝贵的生命。1988年10月，经国务院批准，撤销武安县，设立武安市。从此，掀开了武安历史发展的新篇章。在改革开放的大潮中，武安人解放思想，扬起风帆，经济与社会蓬勃发展，成为冀南的一颗明珠。2007年，武安位居全国县域经济基本竞争力“百强”县（市）第56位。2008年，全市生产总值完成396亿元，财政总收入完成43.5亿元。武安由昨天走到今天，由今天走向明天，迈着矫健的步伐奔向前。勤劳的武安人民智慧又勇敢，铸就了过去的辉煌，创造了富庶的今天，绘制了明天的蓝图——科学发展，和谐武安。

武安山水秀丽、风景迷人。这里的山，是起伏多变的远峰近峦，险峻恢弘的悬崖峭壁；这里的水，是深邃幽静的沟谷溪潭，是各种动态的飞瀑走泉。这里的风光在低山丘陵的衬托下，有的如红日出海，有的像琵琶遮面，雄伟中又不失几分朦胧与神秘；这里的风光颇富诗的韵律，画的韵味。武安的旅游资源丰富，不仅有地理地貌、地质矿产、生态资源，还有人文景观、红色文化、地方风情、城市建设等。风靡全国的豫剧《朝阳沟》作者杨兰春就诞生于此。尤其值得一提的是，武安旅游资源种类齐全，空间组合好，旅游价值高，被誉为东太行旅游的一颗璀璨明珠。2005年，河北武安被国土资源部授予国家地质公园称号。

太行风骨最胜处，武安山水画中游。武安是东太行山中的一个神奇而美丽的地方，其地貌景观恢弘而多姿多彩，其人文历史厚重而源远流长。好客的73万武安人民，热情欢迎国内外朋友前来观光、旅游！■

（原载2009年第10期《资源导刊·地质旅游》）

全省土地开发整理提速工程须跃马扬鞭

□本刊评论员 学 文

在2009年7月21～22日河南省委召开的八届十次全会上，河南省土地开发整理工作被列入全省下半年着力推进的“八大提速工程”之一。这是党和政府赋予国土资源部门的一项重要任务，我们必须认真对待，迅速行动，大干快上，努力把提速工程做实做好。

如今，这件事已过去四个多月了。那么，各地的实施情况怎样？来自各督察组的资料显示，大部分市县对此项工作比较重视，相关资金投放速度和土地开发整理项目实施进度明显加快，为保增长、保稳定、保民生作出了积极贡献。这是应该首先看到的。但是，在一些地方仍存在不少问题，主要表现在一些地方资金到位慢，相当一些项目实施缓慢，且在工程质量上也有不少令人担忧之处。此外，仍有不少地方土地综合整治推进不力。所有这一切，均应迅速得以改正，迎头赶上。

大量事实证明，要把惠及千万农民切身利益的土地开发整理提速工程做好，首先，各级领导要提高认识。应该看到，开展土地整理，是提高耕地质量、加强耕地保护、做好占补平衡、带动相关产业发展的一件大事，也是国土资源部门分内之事。对于我们来讲，不是愿不愿意干，而是必须去干、且必须干好的问题，任何等靠要的思想都是要不得的。因此，各级国土资源部门要切实加强对这一工作的领导，严格实行局长负责制和领导分片包干制，做好向各地人民政府的汇报工作，争取当地党委、政府和有关部门的重视，以迅速形成齐抓共管、协同推进的良好格局。

其次，要打破常规、创造性地开展工作。对于国土资源部门来讲，土地开发整理提速工程既是一项业务工作，更是一项政治任务。特殊形势下，必须创造性地开展工作。各地在土地开发整理各个环节的实施中，应在坚持基本原则的前提下，尽可能地简化程序，并联前进。对于有关占补平衡的项目，应超前谋划，主动服务。对于一些急需用地的重大项目，可以先报备，后核查落实，为建设项目报批争取时间。总之，我们既要抓好各项政策措施的落实，又要勇于打破传统思维定式，创新体制机制，主动破解影响工作进度的各种问题。

再次，要建立严格的土地开发整理提速工程的考评和奖惩制度。要努力做到工程质量合格、操作程序合规、农民群众满意。要把土地开发整理工作的进度作为重要的考评指标，并将考评结果与新增建设用地有偿使用费的分配、评先评优等相挂钩。对工作不力的有关领导，应启动约谈和诫勉谈话制度。总之，必须全力推进。

同时，应该看到，省委八届十次全会将土地开发整理提速纳入全省八大提速工程之一，这不仅是对国土资源部门的一个鞭策，更重要的是一个良好机遇。各地应抓住并珍惜这一机遇，主动向当地政府领导汇报，力争解决一些多年来我们自己无法解决的问题。要进一步加强同财政等部门的沟通协调，力争使长年滞留的耕地开垦费及财政结余资金等迅速投放到土地整理和宜耕后备资源开发上。

当前，全省土地开发整理提速工程已进入关键阶段。我们要坚持上下同心，齐抓共管，坚决打好土地开发整理提速工程这一仗，以求真正达到项目实施提速、资金投放提速、工程质量保优的良好效果，向党和人民交出一份满意的答卷。■（原载2009年第11期《资源导刊》）

再谈要认真对待“村级土地协管员”队伍建设

□本刊评论员　学　文

据反映，某市国土资源局在对某县的村级国土资源协管员（以下简称村级土地协管员）队伍建设进行检查时，该县局汇报称，全县早已建立了村级协管员制度，但在乡、村检查时，却发现该县没有给土地协管员发聘书。显然该县所谓的村级土地协管员队伍建设，只不过是口头说说而已，并未真正形成文件及付诸行动。

值得注意的是，类似这种情况，就全省而言，并非仅某县独有，只不过表现形式不同罢了。比如，有的县市虽发有文件，但文件中的一些要求与省厅要求不尽相符，有的则只是满足于“文件发了、开会布置了”而已，满足于应付、敷衍。

众所周知，在全省实行村级土地协管员制度，是河南省国土资源厅党组审时度势，为了加强国土资源基层队伍建设，建立、健全省、市、县、乡、村五级执法动态巡查网络，将执法关口前移，把耕地保护真正落到实处而做出的一项重大决策。事实表明，这一决策合党心、顺民意，是完全正确的。

正因为如此，围绕村级土地协管员队伍建设，河南省国土资源厅自厅党组书记、厅长张启生2007年10月10日在全省乡村干部培训动员大会上提出之后，省厅又于2008年12月专门发出通知对此进行了具体部署，在2009年3月省厅召开的全省国土资源管理工作会议上再次强调，可以说已是三令五申了。与此同时，国土资源部也对此项工作提出了要求。然而，一些地方却对此不去认真研究，态度冷漠。显然这是一种缺乏组织观念，是党性不纯、党风不正的表现。

那么，个别县（市、区）局为何对村级土地协管员队伍建设热不起来呢？仔细分析，大体有两种情况：一是一些县（市、区）国土资源部门领导对上级的文件没有很好学习，没有真正从思想上弄懂其真正的意义所在。因而，对此态度冷漠，行动迟缓。二是借口“缺乏资金”，不去积极推进土地协管员队伍建设。不少先进县市的经验表明，资金问题固然需要解决，但尤其重要的是领导同志的思想认识问题，正所谓“只要思想不滑坡，办法总比困难多”。宁陵县就是个典型例子。该县针对本地是国家级贫困县，县财政相对比较困难的情况，在解决土地协管员待遇时，采取了以奖代补的办法，虽然没有花多少钱，但也较好地解决了问题，产生了良好效果。这件事说明，事在人为，正所谓有志者事竟成。

伟人毛泽东有句名言说得好：“世界上怕就怕‘认真’二字，共产党就最讲‘认真’。”因此，我们完全可以说对待任何事物是否采取认真的态度，是区别一个真正共产党人与其他人的重要标志和分水岭。其他事情如此，村级土地协管员队伍建设亦然。总之，我们深信，只要以认真的态度对待这件事，那么各地的村级土地协管员队伍建设就一定会出现新的喜人局面。■（原载2009年第12期《资源导刊》）

黄河金三角上的地质旅游明珠——灵宝

□本刊编辑部

在中国版图的中央，高耸着一道东西走向、连绵起伏的绿色屏障，这就是位于豫秦晋交界处的小秦岭。它横断滚滚向南奔流的黄河，形成了黄河“几”字最后一弯。而位于黄河南岸的灵宝，东连崤函，西接潼关，自古便是豫、秦、晋三省通衢之地，被誉为黄河金三角上一颗璀璨的明珠。

灵宝，历史悠久，文化灿烂。作为黄河文化鸿篇巨制中的一页，她钟天地之灵气，聚万物之精华。黄帝在这里采铜铸鼎，夸父在这里歇足插杖，老子在这里著写华章，使得女娲补天、夸父逐日、黄帝铸鼎、老子著经等美丽的神话传说和历史典故渊源流传。炎黄子孙寻根圣地——荆山黄帝铸鼎原，楼、阁、鼎、冢，气势恢弘，香火不断；以“名人、名著、名关”著称的雄关要塞——函谷关，千古沧桑，胜迹犹存；新近发掘的国家100处重大遗址之一的北阳平遗址群、中华文明探源工程首批六大遗址之一的西坡遗址，更是令人魂牵梦绕，心驰神往。

灵宝，山川秀丽，风光旖旎。神奇的小秦岭犹如一条连通东西的生态长廊，太古运动勾勒出她的雄姿，第四纪冰川刻写着她的沧桑，佳木奇卉荟萃于群山之上，珍禽异兽在林间自由徜徉。由于地壳运动的作用，灵宝地貌特征表现为“七山二塬一分川”。以弘农涧河为界，小秦岭自东向西伸入陕西省境内，山势挺拔峻峭；东南部的崤山，起伏平缓。位于小秦岭北麓的老鸦岔垴，海拔2413.8米，为河南省最高峰。境内的国家级森林公园亚武山、燕子山，省级地质公园娘娘山和鼎湖湾等自然景观分外秀美!

灵宝，人杰地灵，物华天宝。得天独厚的地质条件，成就了灵宝巨大的矿藏、果品、药业等资源和产业优势。其境内有金、银、铜、铅、硫铁等31种矿产资源，尤以黄金为最，累计探明工业储量401吨，占河南省的60%以上。目前已形成了集地质探矿、采选、冶炼、深加工、网上交易于一体的黄金产业格局，是全国重要的黄金生产基地之一。灵宝果品产业面积大，所产果品品种多、质量优，尤以苹果、大枣为最。灵宝苹果栽植历史悠久，以色泽鲜艳、酸甜可口、浓香馥郁、品质优良而著称，是国家确定的“无公害苹果生产基地”和“外贸出口基地”；灵宝大枣以皮薄肉厚、核小色鲜、微量元素丰富而享誉海内外。因此，灵宝被誉为“中国金城”、“苹果之乡”。

作为资源型城市，近年来，灵宝市委、市政府坚持以科学发展观为指导，统筹协调，实施资源整合，整治矿业秩序，发展循环经济，加强资源和地质遗迹保护，取得了明显的成效。放眼今日，灵宝天蓝、水清、山绿、景美，俨然一座文化底蕴厚重的现代化城市，并成为广大旅游爱好者、地质科学爱好者和地学专家探索地学奥秘的乐园。

“有朋自远方来，不亦乐乎”。73万淳朴好客的灵宝人民热诚欢迎您的到来！欢迎您踏上这块富饶而神奇的土地，登上河南的屋脊览胜，领略那“一览众山小”的豪迈之情。■（原载2009年第12期《资源导刊·地质旅游》）

携手相伴　喜迎明天

——新年暨本刊百期致读者

□本刊编辑部

当2010年的春光洒向神州大地时，新年的第1期《资源导刊》或许已以崭新的面貌送到了您——我们亲爱的读者手中。此时此刻，伴着油墨的清香，带着真诚的祝福，让我们真诚地向您道一声："新年好！"

亲爱的读者，您知道吗？这既是我们与您的第八个新年相见，同时也是我们与您的第100次握手。为什么？因为今日的《资源导刊》，昨日的《河南国土资源》，从2002年12月创刊，至今已整整刊出100期了！八个年头，100期杂志——您知道吗？这其中可记录了多少国土资源人忘我开拓的足迹？又积累了多少我们与您的深情与厚谊？

八年来，一路与您同行，我们的每一步都迈得踏实坚定。我们用媒体的社会责任追赶着国土资源管理事业发展疾行的步履，我们用热忱的笔触书写着每一位国土资源人对党和人民的忠诚，我们用真诚的心去倾听来自中原大地每一片土地的渴望与需求，我们用键盘和镜头留住时光长河中每一个瞬间即逝的永恒……

八年的岁月征程，总有说不完的太多感动。这期间，河南的国土资源管理事业年年都有新的飞跃与出色表现：土地管理方面，"保增长、保红线"捷报频传，依法行政、耕地保护、地籍管理等渐入佳境；矿政管理方面，资源整合、整装勘查、地质公园建设等均阔步走在全国前列；队伍建设、精神文明……更是佳绩频传。可以说，我们每一位国土资源人，都在自己的岗位上辛勤地耕耘，用自己的热情和奉献，真切而激扬地勾勒着国土资源大厦的每一块基石，培育着明日的希望之花。

当然，八年间，我们除了感动与责任，还有一份自豪，那就是在激烈的市场竞争中，《资源导刊》一路凯歌高奏。我们欣喜地看到：在党的阳光雨露和时代东风的助力下，在亲爱的读者朋友们的大力支持下，《资源导刊》从无到有，由弱变强，发行量由少到多，不断发展壮大；无论是期刊的传播内容、编采队伍、办刊风格，还是经营机制与体制方面，均有不俗的表现。一句话，《资源导刊》以其精彩的亮相，赢得了期刊界的广泛认可和社会民众的诸多称赞。

回首八年百期路，我们有辛劳，也有收获；有泪水，也有欢笑；有奉献，更有得到。亲爱的读者朋友，是您那热忱的期待，给予我们不断前行的力量。展望明日，我们既感责任重大，又觉信心百倍。“紧跟中心，贴近基层，服务读者，争创一流”，是我们始终遵循的理念。“一切让读者满意”，是我们至高无上的追求。我们深信在未来的征程上，有时代东风相伴，有读者朋友的倾心相爱，《资源导刊》的明天，一定会是金光灿烂的艳阳天！让我们再次紧紧地握手……■（原载2010年第1期《资源导刊》）

适应新形势　攀登新台阶

——就本刊新年改版致读者

□本刊评论员　学　文

亲爱的读者朋友，当您沐浴在2010年的春光里，捧起改版后的《资源导刊·地质旅游》时，或许您会惊讶地发现：与2009年的试刊相比，本刊变了，而且变化是如此之大!

变化在哪里？您可能已经从本期杂志上看到，首先栏目设置变了。新版新设了“特别策划”、“行游天下”、“摄影之窗”及“奇珍异宝”栏目。再就是，原有一些栏目名称变了。比如，原来的“山水方阵”变成了“山水览胜”，原来的“科普长廊”变成了“探根求源”。之所以这样改变，其目的是让文章更加形象，更加通俗易懂。总之，在稿件内容上突出了新闻趣味性，在写作手法上突出了亲和力和感染力，更加注重引人入胜，给人一个更为和谐可亲的面孔。

诚然，这些变化只是初步的，更多的变化将在今后的岁月里逐渐显现。我们深信，在未来新的征程中，您将会看到，本刊将更加突出富有新闻及趣味性的地质旅游话题；更加突出具有重大观赏价值的山水地质景观；更加突出有一定科学价值的重大地质事件。当然，刊物有变也有不变；变化的是内容，不变的是我们热诚服务读者的宗旨。“尽可能地贴近读者、贴近生活，贴近人们的兴趣与关切点，让读者满意”永远是我们办刊的出发点与归宿点。我们深知，“金杯银杯，不如读者的口碑”，您——我们读者朋友的满意，是我们至高无上的追求。

新的岁月，新的征程，新的攀登。在新的一年里，我们编辑部全体同志将按照党和国家的有关办刊要求，高举马列主义、毛泽东思想和邓小平理论旗帜，坚持“三个代表”重要思想，认真落实科学发展观，坚持“高点定位、借风行船、稳步前进、争创一流”的办刊思路，突出融新闻趣味、山水旅游、地质科普和风光摄影于一体的刊物特色，努力把刊物质量提高到新的水平。

为此，我们将认真做好三件事——

首先，认清形势，坚定信心。2009年试刊情况表明，本刊的办刊方向及不少做法均具有开创性意义，前途是十分光明的。只要我们不懈地努力，虚心听取社会各界有识之士的意见，及时改进不足，不断完善，就一定会有一个好的结果。

其次，统筹兼顾，实行“三个结合”。即把正常的办刊与开展各种评比结合起来，把争取固定读者用户与争取广大社会用户结合起来，把抓办刊质量和抓广告经营有机结合起来。

再次，加强采编队伍建设。瞄准一流办刊目标，不断寻找自身差距，通过自学、送外培训等形式不断提高队伍思想及业务素质。进一步加强采编队伍管理，努力形成团结向上、干事创业的良好氛围。

“日出江花红胜火，春来江水绿如蓝。”我们深信，有时代的东风相助，有广大读者的倾心相爱，《资源导刊·地质旅游》的明天必将更加美好！■（原载2010年第1期《资源导刊·地质旅游》）

统筹谋划抓重点　努力实现新跨越

——写在全省国土资源工作会议召开之际

□本刊评论员　学　文

当我们满怀喜悦迎来2010年农历新春的时候，我们既为牛年的满载而去深感欣慰，更为春光无限的虎年到来信心百倍……

因为我们知道，2009年是全省国土资源管理难度最大、任务最重的一年，也是工作成效显著、广泛受到好评的一年，更是经受特殊锻炼和严峻考验的一年。一年来，我们坚决贯彻中央和我省应对国际金融危机的“一揽子”计划，紧紧围绕省委、省政府确立的“三保两抓一推动”的工作格局，齐心协力、开拓进取、主动作为，在开展“双保行动”、加大耕地和基本农田保护力度、大力推进节约集约用地、着力推进地质找矿、抓紧各级土地利用总体规划修编、建设和谐国土、努力推进“两转两提”等方面，均取得了喜人的成绩。

因为我们深知，2010年是实施“十一五”规划的最后一年，也是谋划“十二五”规划，加快构建保障和促进科学发展新机制的关键一年。我们清醒地看到国土资源管理面临的“变数”与“恒数”。土地供需矛盾更加突出，“两碰头、一忧虑”的局面没有根本改变；矿产市场回暖，勘查开采投入萎缩，“一松一紧，震荡调整”的格局总体没有改变。面对复杂多变的形势和繁重的任务，国土资源管理工作面临的压力与责任更大，矛盾和困难更多，机遇和挑战并存。适应当前形势任务的要求，创造性地开展国土资源管理工作，是对我们每一个同志新的考验。

因为我们明白，在开创虎年工作新局面的时候，需要我们在工作中牢牢把握省委、省政府关于“四个重在”的要求，即坚持“重在继续”，做到“坚持、完善、落实”；坚持“重在提升”，注重“学习、调研、创新”；坚持“重在统筹”，加强“谋划、运作、协调”；坚持“重在为民”，倡导“务实、高效、廉洁”。总之，我们既要有开拓新局面的雄心，又要有开拓新局面的措施和方法，始终保持一种奋发向上的良好精神状态。

当然，我们也十分清楚，2010年我省国土资源管理头绪多、任务重，必须统筹兼顾，突出重点，要着力抓好七个方面的工作。一是深入开展“双保行动”，服务经济社会发展大局；二是坚守耕地保护红线，科学划定永久基本农田；三是严格土地市场监管，提高节约集约利用水平；四是深化矿产资源整合，维护矿业开发良好秩序；五是加大找矿力度，提高资源接续保障能力；六是着力保障改善民生，维护社会和谐稳定；七是全面夯实工作基础，为国土资源管理提供有力支撑。我们也深知，经过多年来全省上下的共同努力，目前国土资源工作又处在一个新的历史起点上，我们要按照科学发展观要求，下工夫解决好事关国土资源管理改革发展大局的几个重大问题，统筹谋划，奋力开拓，努力推动全省国土资源事业实现新的跨越，以优异成绩向党和人民交出一份圆满答卷。■（原载2010年第2期《资源导刊》）

让我们一起走进恐龙世界……

□本刊评论员

亲爱的朋友，如今关于恐龙的话题在社会上是越来越热了。在不少博物馆门前，特别是一些地质博物馆门前，您会惊奇地发现，几乎都矗立着一个庞然大物——“恐龙”。目睹着这些活灵活现、神气十足的庞然大物，我想，朋友——您或许想了解一些有关恐龙的知识吧！那么，就让我们阅读本期《资源导刊·地质旅游》，一起走进这神秘的恐龙世界吧！

恐龙生活在距今大约2.3亿年至6500万年前，是能以后肢支撑身体直立行走的一类陆生动物。大多数属于陆生（栖息在陆地上的）爬行动物。恐龙种类多，体形和习性相差也大。有大的，有小的；有以两条腿走路的，也有以四条腿走路的；有的吃植物，有的吃动物；有的皮肤光滑，有的皮肤上有鳞或骨板……恐龙支配全球陆地生态系统超过1.6亿年之久，然而，大约在距今8000万年的白垩纪末期却突然覆灭。

随着人们对恐龙——这种神秘动物的痴迷与日剧增，世界各国的寻“龙”行动也在不断地深入，并取得了巨大的成果。200多年来，世界各国科学家通过研究，已发现恐龙大概有500个属，1000种以上。我国1923年在内蒙古首次发现恐龙化石，随后，全国各地相继有恐龙化石出现。而河南，这片孕育中华文明的沃土更是硕果累累，相继发现了亚洲最庞大、世界体格最大的“龙王”——巨型汝阳龙，还发现了汝阳黄河巨龙、河南栾川盗龙、诸葛南阳龙等10余种不同属种的恐龙及恐龙足迹。一时间，在国内外产生了巨大影响。

诚然，也许有人会问：“研究这一已经灭绝了的物种对我们人类有什么意义呢？”显而易见，同样是地球上的生物，同为地球的主宰，恐龙与人类有着不可割舍的关联。有人做了这么一个比喻，如果把地球演化的46亿年比作一天的话，那么人类5000年的文明史只不过是短暂的0.1秒。但是，恐龙灭亡了，而人类依然存在。

那么，我们今天应该用一种怎样的观点去看待恐龙的灭绝，去探索研究恐龙生存的秘密呢？我们相信，通过探索恐龙曾经的足迹，研究它们在地球上形成和演变的来龙去脉，研究它们从生存、繁衍、演化直至毁灭的发展历程，深刻认识生物的多样性及演化规律，有利于更好地做好地质、古生物等自然遗迹的保护工作。尤其重要的是，通过研究恐龙，可以警示人类，要保护好我们赖以生存的自然环境；如果任意地糟蹋它，也许在不久的将来，人类就会重蹈覆辙，像恐龙一样遭遇灭顶之灾。

“恐鉴不远”，人类应自省。为了让我们的生活环境更加美好，为了人类的长远发展，让我们每个人都行动起来，共同爱护我们生存的环境，保护我们共同的家园——地球吧！■（原载2010年第2期《资源导刊·地质旅游》）

以先进为榜样 力争河南国土信访稳定工作再上新台阶

□本刊评论员 学 文

在2010年3月2日召开的全省国土资源平安建设暨信访稳定工作会议上，省厅领导宣读了鹤壁市等5个省辖市局、登封市等56个县（市、区）局被评为2009年度信访稳定工作先进单位，丰建峰等155名同志被评为2009年度信访稳定工作先进工作者的决定；宣读了省厅党组关于给谷书景、王新立记三等功的决定。在此，我们谨向所有受表彰和立功的先进单位与个人表示最热烈的祝贺和最崇高的敬意！

显而易见，以先进单位和个人为榜样，开拓进取，总结经验，再创佳绩，是当前摆在全省国土资源系统干部职工面前的重要任务。

那么，向先进学习学什么？厅党组在表彰决定中指出：就是要“学习他们以群众满意为目标、高度重视信访稳定工作、全心全意为人民服务的工作态度，学习他们忠于职守、勤奋工作、甘于奉献的敬业精神，学习他们开拓创新、求真务实、争创一流的工作作风”。

向先进学习，就要注意认真借鉴先进单位和个人所创造的一系列先进做法，不断丰富、弥补自身的不足。这其中，许昌市局和南阳市局的经验很值得人们效仿。他们的共同特点是，依靠地方党委政府，积极协调其他部门，主动将自身信访工作融入当地“大信访”的盘子之中；实行分级管理，做到责权明了，努力形成规范化的“属地管理”工作格局；围绕关键环节，把握工作重点，实行“全员信访”工作机制；强化制度建设，严格落实依法办访、依规管访要求。实践证明，事在人为，人在创新；只要把执政为民牢记在心，就能攻坚克难，把全省国土资源系统信访稳定工作提升到新的水平。

向先进学习，就要全面贯彻科学发展观，认真落实河南省委、省政府和国土资源部的一系列有关决策部署，紧紧围绕“维护群众合法权益、强力推动事要解决”这一主线，“突出源头治理、加大协调力度、严格责任落实、全面提升素质”四个重点，再接再厉，形成合力，力争实现新的突破。

为了实现上述目标，当前要着力抓好五个方面的工作——

一是要进一步统一思想、提高认识，努力在把平安建设暨信访稳定工作做深、做细、做实上狠下工夫。

二是要严格依法依规办事，努力在源头预防和减少信访事项上狠下工夫。

三是要强力推动事要解决，努力在实现群众满意和息诉罢访上狠下工夫。

四是要明确责任、严格奖惩，努力在调动工作积极性和创造性上狠下工夫。

五是要加强信访队伍建设，努力在进一步提升实际工作能力上狠下工夫。

“日出江花红胜火，春来江水绿如蓝”。展望未来，我们深信，河南国土资源事业的明天，一定会艳阳高照，更加多彩多姿！■（原载2010年第3期《资源导刊》）

让我们一起赏析中原大地……

□本刊评论员 学 文

曾记得，一位朋友说过：如果你想了解中国，就应该先从了解河南、了解中原大地的秀美山水开始。

这是因为——

这里的历史久远，文化厚重。5000年前，人文始祖——三皇五帝基本上都在今河南一带活动和繁衍生息，炎黄子孙的祖先——黄帝就出生在新郑。中华始祖伏羲建都周口淮阳，被誉为“羲皇故都”。中国八大古都河南就有四处。自公元前21世纪我国第一个统一的奴隶制政权——夏朝建立，至北宋王朝灭亡，河南在历史上处于全国政治、经济、文化中心地位长达3000余年，先后有20多个朝代的200多位帝王建都或迁都于此。全省拥有8个国家级历史文化名城，199处全国重点级保护单位，地下文物占全国第一，地上文物全国第二，被史学家称为“中国历史文化博物馆”。

这里风光秀丽，美不胜收。西有集华山之险、黄山之秀的秦岭之巅，东有沃野千里、瓜果飘香的大平原，南有山清水秀、鱼肥鹰飞的大别山苏区，北有云台奇景，更有王屋神韵飘远。

这里人杰地灵，豪杰辈出。五千年的文明史在中原大地上演了一幕幕雄壮的历史话剧。从武王伐纣、战国争雄、陈胜起义、楚汉相争、刘秀中兴，到三国争霸、七贤啸聚、武后亲政、岳飞抗金等神奇辉煌的历史，形成了脍炙人口的历史典故；被称为文学祖典的《诗经》，许慎的《说文解字》，曹氏父子的建安文学，杜甫、白居易、李商隐等大诗人的传世之作，以韩愈为首的唐宋八大家的散文……照亮了中华文化奔流不息的长河，哺育出了从古至今一代又一代的英雄豪杰。

可是，亲爱的朋友，作为一个中原人或者想深入了解河南的人，您究竟对这片承载着厚重历史、厚重文化的中原大地了解有多少？您了解这片厚重大地形成的历史和秀美山水的现状吗？换言之，您了解中原大地的“山高地厚”吗？为了帮助您——亲爱的读者朋友——了解这些话题，本刊郑重推出特别策划《山高地厚话河南》。我们真心希望，通过这篇文章，您可以深入了解今日中原大地的形成历史及“山高地厚”的具体内涵；了解到河南当今的最高山峰——小秦岭老鸦岔垴——海拔2413.8米，河南如今的最低处——豫南固始史灌河入淮口——海拔仅22.4米；了解到您所处市县的山有多高，地有多厚。

或许会有人发问：“了解这些知识对我们有什么用处？”其实，用处大得很！首先，这是早已存在于漫长的地球演变历史之中的客观事实。深刻了解它，有助于我们了解事物的来龙去脉，更加客观地看待一切。其次，有利于人们科学思维，正确看待和珍惜人生。一位哲人曾说：“如果把地球演化的46亿年比作一天的话，那么人类5000年的文明史只不过是短暂的0.1秒。”如此深刻的妙语，显然有利于帮助人们树立唯物主义的历史观，坚持科学的新思维，推动经济社会的发展变化！

“欲穷千里目，更上一层楼。”让我们一同捧起本刊，透过《山高地厚话河南》，去了解中原大地山水的奇妙演变和神州大地的处处美景吧！■（原载2010年第3期《资源导刊·地质旅游》）

编者的话

近几年，我们先后出版了反映《资源导刊》历届开展好文章评选活动所评出的优秀作品《春雨集》和《夏荷集》，但还没有一本专门的言论性集子，现出版这本《卷首集》，也算是对其的弥补吧。这些卷首文章，分别从当时的时代背景出发，均系有感而发，显然带有明显的历史印记。细细品读之，相信读者会别有一番滋味在心头。由于时间关系，加上编者水平有限，如有不当之处，敬请谅解。

资源导刊杂志社

2010年3月30日